Littérature et pratique du français 4e

De l'étude des textes à l'expression

Sylvie Dauvin
Professeur agrégé
au Lycée Charles de Gaulle
à Londres

Catherine Eterstein
Professeur agrégé
au Lycée international
de Saint-Germain-en-Laye

HATIER

Avant-propos

S'inscrivant dans la collection « Les Petits Manuels Hatier », *Littérature et pratique du français 4ᵉ* a pour ambition de répondre efficacement aux objectifs du **nouveau programme de français**, dans cette classe charnière que constitue la fin du cycle central.

Des objectifs pratiques et une structure progressive

Savoir faire

Les quatre chapitres de cette partie abordent l'apprentissage de **méthodes** et de techniques très concrètes, indispensables pour tous les exercices et pour toutes les matières : *faire des fiches, prendre des notes, comprendre une consigne, faire une introduction...*
Des rapprochements **transversaux** sont ainsi favorisés avec des disciplines comme l'histoire, la biologie, les mathématiques ou l'éducation civique.

Lire et expliquer

En huit chapitres sont mises en place les principales **notions** à repérer, analyser, interpréter et réutiliser à propos d'un texte *(champs lexicaux, temps et modes, tonalité...)*.
Une fois ces notions de base acquises, sont étudiées et distinguées les différentes **formes de discours** au programme *(narration, description...)*. En 4ᵉ, une place privilégiée est accordée à l'*explication* et à l'*argumentation*.
La lecture de l'**image** fait l'objet d'un traitement particulier, dans un chapitre en couleurs.

Écrire et composer

Les six derniers chapitres sont des guides sur le chemin de l'**écriture**. Ils invitent l'élève à produire des textes, par des exercices de transformations qui s'appuient sur l'observation des textes supports *(changement de point de vue, suite de texte, rédaction de dialogues, recherche d'une argumentation, parodie, devinette, jeux poétiques...)*.

Avec **plus de 160 exercices**, *Littérature et pratique du français 4ᵉ* est un manuel d'une grande richesse, qui couvre l'ensemble du programme de 4ᵉ.
La variété des 160 textes et documents qu'il offre, de l'Antiquité au XXᵉ siècle – poèmes, extraits de romans, de théâtre, articles de presse, d'encyclopédie, tableaux, photographies... –, en fait un instrument de **culture** complet et attrayant.

© HATIER, PARIS, AVRIL 1997 - ISBN 2-218-71 746-8

Une organisation claire

Chaque chapitre s'organise en cinq rubriques.

Lire et observer : un texte, choisi en fonction d'un objectif d'analyse ou de rédaction, ouvre la leçon. Ce texte fait l'objet d'un balisage qui permet à l'élève de visualiser les éléments sur lesquels va porter l'analyse. Il apprend ainsi à faire un relevé précis en fonction de la question posée. C'est la première étape de toute analyse.

Repérer : cette rubrique explicite le balisage du texte.

Analyser et rédiger : un paragraphe rédigé donne un exemple de réponse à une question d'analyse, ou bien des conseils de méthode.

Retenir : l'essentiel d'une notion ou d'une démarche est défini brièvement. Chaque paragraphe renvoie aux exercices dont il annonce les objectifs.

S'exercer et rédiger : une série d'exercices très variés et progressifs permet de décomposer les difficultés. Chacun propose des activités de repérage, d'analyse et de transformation : ils aboutissent fréquemment à un travail d'écriture, qui va d'un simple paragraphe à une rédaction complète.

En fin d'ouvrage :
- Le **lexique des notions** rassemble et définit tous les termes étudiés et signalés par un astérisque.
- L'**index des auteurs** permet des confrontations entre les nombreux textes.

Une utilisation souple

- L'approche de ce petit manuel peut être plurielle (lecture, explication de texte, grammaire, rédaction…). L'essentiel des points grammaticaux *(temps et modes, styles direct et indirect, connecteurs temporels et logiques…)* est ainsi abordé par le biais d'une **grammaire de texte**.
- Le choix du parcours peut s'effectuer en fonction des difficultés ou des lacunes ponctuelles *(décrire un personnage, utiliser les liens logiques, trouver des arguments et des exemples…)*.

L'utilisation du manuel *Littérature et pratique du français 4*[e] est donc à la fois très immédiate, facile et **modulable** en classe, pour l'élève comme pour le professeur.

Les auteurs souhaitent que cet ouvrage soit un guide efficace et attrayant sur les chemins de la lecture et de l'écriture.

Les auteurs

Sommaire

Écrire et composer

Savoir faire

CHAPITRE 1

Faire des fiches et se cultiver

LIRE ET OBSERVER

Le sultan

JACQUES PRÉVERT, *Paroles* (1946), éd. Gallimard.

Dans les montagnes de Cachemire
Vit le sultan de Salamandragore[1]
Le jour il fait tuer un tas de monde
Et quand vient le soir il s'endort
Mais dans ses cauchemars les morts se cachent
Et le dévorent
Alors une nuit il se réveille
En poussant un grand cri
Et le bourreau tiré de son sommeil
Arrive souriant au pied du lit
S'il n'y avait pas de vivants
Dit le sultan
Il n'y aurait pas de morts
Et le bourreau répond D'accord
Que tout le reste y passe alors
Et qu'on n'en parle plus
D'accord dit le bourreau
C'est tout ce qu'il sait dire
Et tout le reste y passe comme le sultan l'a dit
Les femmes les enfants les siens et ceux des autres
Le veau le loup la guêpe et la douce brebis
Le bon vieillard intègre[2] et le sobre chameau
Les actrices des théâtres le roi des animaux
Les planteurs de bananes les faiseurs de bons mots[3]
Et les coqs et leurs poules les œufs avec leur coque
Et personne ne reste pour enterrer quiconque
Comme ça ça va
Dit le sultan de Salamandragore
Mais reste là bourreau
Là tout près de moi
Et tue-moi
Si jamais je me rendors. ■

1. Mot inventé, composé de *salamandre* et de *mandragore*, animal et plante réputés magiques au Moyen Âge.
2. Honnête.
3. Ceux qui font des plaisanteries.

Auteur — Titre du texte — Titre de l'œuvre — Genre du texte — Siècle

Bref résumé — Intérêts du texte — Phrase la plus importante — Rapprochements avec d'autres œuvres

Jacques Prévert **POÉSIE** **XXe**

« Le sultan » **(*Paroles*)**

Sujet : Poème en vers libres qui ressemble à un conte : un sultan, par peur de perdre son pouvoir, fait exterminer tous ses sujets…

Idée 1 : Un poème en forme de conte
— Le lieu exotique, imaginaire : *Cachemire, Salamandragore*
— Les personnages : *un sultan, un bourreau, des sujets*

Idée 2 : Un texte étrange : cocasse et sinistre en même temps
— L'absence de ponctuation
— Les jeux de mots, les accumulations amusantes
— Une situation dramatique

Idée 3 : Le message de Prévert : une condamnation de la tyrannie
— La cruauté du sultan, bourreau des autres
— L'absurdité de son attitude, bourreau de lui-même

Citation : « Mais reste là bourreau / Là tout près de moi
Et tue-moi / Si jamais je me rendors. »

Rapprochements : *Le Roi et l'Oiseau*, dessin animé de P. Grimault, paroles de J. Prévert.

Repérer

Une fiche :
— a un **format réduit** pour être consultée facilement ;
— présente toujours la même **disposition** ;
— retient des **informations** (genre, siècle, auteur, titre, résumé) ;
— présente une **analyse** succincte (deux ou trois idées-clés) ;
— contient une **citation** ;
— évoque d'autres **références** culturelles.

Analyser

Faire des fiches, c'est :
— vouloir **s'approprier** une œuvre que l'on a étudiée ou aimée ;
— les **rassembler** et les **classer** dans un fichier ;
— se constituer ainsi un **réservoir** ordonné de connaissances, d'exemples, pour des discussions et **se bâtir une culture** sur plusieurs années ;
— pouvoir vite **revoir** et **mémoriser** tout ce qu'on a appris ou aimé.

RETENIR

1. Pour situer le texte, il faut noter son siècle, son auteur, le titre de l'œuvre (pour une œuvre intégrale), le titre du texte suivi de celui de l'œuvre (s'il s'agit d'un extrait).

EXERCICES 1 ET 2

2. Pour classer un texte dans un genre, il faut connaître les principales catégories et leurs caractéristiques :

Roman | *Conte* | *Épopée** | *Nouvelle** | *Portrait* | *Poésie*
Théâtre | *Discours* | *Essai* | *Biographie** | *Documentaire* | *Lettre* | *Journal*

EXERCICE 3

3. Pour faire un bref résumé, il faut répondre aux questions essentielles :

• pour un récit*, un poème ou un documentaire :
— *où ? quand ?*
— *quel(s) personnage(s) ? (nom des protagonistes)*
— *quel(s) sujet(s) ? quels événements ? (que se passe-t-il ?)*

• pour une argumentation* :
— *quel thème principal ?*
— *quelle thèse* soutenue, quels arguments* proposés ?*

EXERCICE 4

4. Pour dégager les idées importantes, pour donner son avis sur un texte :

• partir du **genre** auquel il appartient ;
➤ Dans « Le Corbeau et le Renard », quels éléments de la fable retrouve-t-on ? *(une histoire et des péripéties ; des personnages, animaux personnifiés ; des dialogues ; une morale...)*

• repérer la **forme de discours*** dominante ;
➤ *Est-ce un dialogue ? une description* ? un récit ? une réflexion ?...*

• partir des **éléments qui reviennent** souvent et qu'on a remarqués à la lecture ;
➤ Dans « Le sultan », les expressions macabres : *tuer, les morts, enterrer...*

• chercher des **adjectifs qui qualifient** bien le texte, qui définissent sa tonalité* ;

humoristique	*vivant*	*poétique*	*réaliste**	*émouvant*	*critique*
comique	*tonique*	*surréaliste**	*violent*	*triste*	*polémique*
*burlesque**	*animé*	*épique*	*choquant*	*effrayant*	*ironique*
cocasse	*mouvementé*	*lyrique*	*révoltant*	*tragique*	*parodique...*

• repérer les **buts** de l'auteur ;
➤ *Faire rire, émouvoir, effrayer, témoigner, démontrer, critiquer...*

• **ordonner** toutes ces remarques en les hiérarchisant et en les groupant autour de **deux ou trois idées** sous forme de **titres** brefs.

EXERCICES 5 ET 6

5. Pour enrichir ses fiches et garder « vivante » sa culture :
• choisir une **citation** (phrase marquante) à apprendre ;
• faire des **rapprochements** avec d'autres textes ou d'autres arts ;
• **classer** ses fiches dans un classeur à fiches amovibles, par genre, puis à l'intérieur de chaque genre, par ordre chronologique ;
• **consulter** souvent ses fiches et compléter son classeur au fil des lectures.

EXERCICE 7

S'EXERCER ET RÉDIGER

1 Situer un auteur et une œuvre

EXERCICE 1

Repérer un siècle.

D'après les indications fournies entre parenthèses, trouvez à quel siècle les auteurs ou les œuvres appartiennent.

François Mauriac (1885-1970)
Rabelais (≈ 1484-1553)
Jean-Jacques Rousseau (1712-1778)
La Guerre du feu (1911)
François-René de Chateaubriand (1768-1848)
Jean de la Bruyère (1645-1696)
Les Misérables (1862)
Louis Pergaud (1882-1915)

EXERCICE 2

Tester sa culture.

Assez facile...

1. Chassez les sept intrus et rendez ses œuvres à chaque auteur. Vérifiez vos réponses dans un dictionnaire ou une encyclopédie.

Jules Verne :
20 000 lieues sous les mers
L'Homme de Mars
Cinq Semaines en ballon
Marcel Pagnol :
L'Art d'être grand-père
Le Château de mon père
Le Château de ma mère
Molière :
Le Médecin malgré lui
Le Médecin volé
Les Précieuses
Les Précieuses ridicules
Victor Hugo :
Le Spleen de Paris
Notre-Dame de Paris
Les Miséreux
Les Misérables

2. Rendez à chaque auteur son personnage.

Victor Hugo	Sophie
Molière	Gavroche
Goscinny	Sganarelle
Marcel Pagnol	Le Petit Nicolas
Corneille	Marcel
Comtesse de Ségur	Rodrigue

Un peu moins facile...

3. Savez-vous imaginer la « toile de fond », l'époque à laquelle un auteur a écrit ou une œuvre a été composée ? Associez un élément de la liste *a)* et un élément de la liste *b)*.

a) À l'Ouest rien de nouveau
L'Encyclopédie
Émile Zola
Chroniques martiennes
Molière
Marcel Pagnol
Le Roman de Renart
L'Enfant d'Hiroshima

b) La révolution de 1789
Notre époque moderne technologique
La Seconde Guerre mondiale
La révolution industrielle
La féodalité
La Première Guerre mondiale
Le siècle de Louis XIV
Le début de notre siècle

Assez difficile...

4. Replacez chaque auteur dans le siècle où il a *écrit* ses œuvres.

Marcel Aymé	XIXe siècle
Jean de la Fontaine	XVIIIe siècle
Jacques Prévert	XXe siècle
Voltaire	XIXe siècle
Jules Verne	XVIIe siècle
Homère	XIXe siècle
Victor Hugo	XXe siècle
Marcel Pagnol	Antiquité
Molière	XIXe siècle
Émile Zola	XXe siècle
Antoine de Saint-Exupéry	XVIIe siècle
Alphonse Daudet	XIXe siècle
Guy de Maupassant	XXe siècle

2 Distinguer les genres littéraires

■ Exercice 3

Repérer à quel genre appartient un texte.

Texte 1. Le voyage de Micromégas

Dans une de ces planètes qui tournent autour de l'étoile nommée Sirius, il y avait un jeune homme de beaucoup d'esprit, que j'ai eu l'honneur de connaître dans le dernier voyage qu'il fit sur notre petite fourmilière; il s'appelait Micromégas[1], nom qui convient fort bien à tous les grands. Il avait huit lieues de haut [...]. Il se mit à voyager de planète en planète, pour achever de se former l'esprit et le cœur, comme l'on dit. [...] Tantôt à l'aide d'un rayon de soleil, tantôt par la commodité d'une comète, il allait de globe en globe, lui et les siens, comme un oiseau voltige de branche en branche.

Voltaire, *Micromégas*, I (1752).

1. En grec *mikros* = « petit », *megas* = « grand ».

Texte 2. Rêverie

Mercredi 19 avril 1944.

Chérie,

Qu'y a-t-il de plus beau au monde que de regarder la nature par une fenêtre ouverte, d'entendre siffler les oiseaux, les joues chauffées par le soleil, et d'avoir dans les bras un garçon que l'on aime ?

Son bras autour de moi, je me sens si bien et si sûre, tout contre lui, sans dire un mot. Il n'est pas possible que ce soit mal, car cette tranquillité est bienfaisante. Oh ! pourvu que rien ne vienne nous déranger, jamais, même pas Mouschi !

À toi, Anne.

Anne Frank, *Le Journal d'Anne Frank* (1950), éd. Calmann-Lévy.

Texte 3. Fog!

Ce brouillard de Paris est fade,
On dirait même qu'il est clair
Au prix de cette promenade
Que l'on appelle Leicester Square.

Mais le brouillard de Londres est
Savoureux comme non pas autres;
Je vous le dis, et fermes et
Pires les opinions nôtres !

Pourtant dans ce brouillard hagard
Ce qu'il faut retenir quand même
C'est, en dépit de tout hasard,
Que je l'adore et qu'elle m'aime.

Paul Verlaine, *Chair* (1893-1895).

Texte 4. Sors vite, que je ne t'assomme

Harpagon. — Hors d'ici tout à l'heure, et qu'on ne réplique pas ! Allons, que l'on détale de chez moi, maître juré filou, vrai gibier de potence !

La Flèche, *à part.* — Je n'ai jamais rien vu de si méchant que ce maudit vieillard, et je pense, sauf correction, qu'il a le diable au corps.

Harpagon. — Tu murmures entre tes dents ?

La Flèche. — Pourquoi me chassez-vous ?

Harpagon. — C'est bien à toi, pendard, à me demander des raisons ! Sors vite, que je ne t'assomme.

Molière, *L'Avare*, I, 3 (1668).

Texte 5. Le Renard et les Raisins

Certain Renard gascon, d'autres disent
[normand,
Mourant presque de faim, vit au haut d'une
[treille[1]
Des Raisins, mûrs apparemment
Et couverts d'une peau vermeille.
Le galant en eût fait volontiers un repas,
Mais comme il n'y pouvait atteindre :
Ils sont trop verts, dit-il, et bons pour des
[goujats.

Fit-il pas mieux que de se plaindre ?

Jean de La Fontaine, *Fables*, III, 11 (1668).

1. Vigne qui grimpe au haut d'un mur.

1. À quel genre appartient chacun de ces textes ? Quels indices vous permettent de répondre ?

2. Recherchez parmi vos lectures d'autres textes qui appartiennent à chacun des genres trouvés ci-dessus.

Pagination

Marge

Marge pour précisions supplémentaires

- 1 -

Déclaration des droits de l'homme

Source : Jean Tulard, *Histoire et dictionnaire de la Révolution française : 1789-1799* (1987), éd. Robert Laffont, p. 770.

Intro. : - 26 / 8 / 1789
- Préambule Constit° 1789
- Composit° : préamb. + 17 art.

I- Suppress° caractéristq Anc. Rég. ←— Anc. Rég. : Monarchie absolue avec in=T des dts & privilèges, + relig° catholiq

A. Pas d'autorT sans accord nat° (art. 2)
B. Pas de distinct° sociale si pas utilT commune (art. 1 & 6)
C. Tt cit. admis à emplois selon capacT personnl.

II- Points positifs

A. Dts inaliénables, c-à-d :
1. LibT
a) individuelle
b) de pensée
c) d'express°
2. PropriéT
3. SûrT
4. Résistance à oppress°
B. SouverainT nat° exprimée ds loi
C. Séparat° pouvoirs exéc., législ., judiciaire

III- Autres Déclarat°

A. Décl. de Constit° An I (1793) abandonnée
B. Décl. de Constit° An III (1795)
1. Réun° partielle cit. ≠ souveraine
2. + Décl. devoirs (importance famille).

Légende
constit. : *constitution*
cit : *citoyen*
dt : *droit*
art : *article*
décl : *déclaration*

RETENIR

Prendre des notes permet de disposer d'une information brève, claire et réutilisable, qui constituera une « *mémoire en papier* » (Montaigne).

1. Repérer l'essentiel, sélectionner les informations. Pour cela, il faut :
- Noter la **source** du document *(titre, auteur, éditeur, pages exploitées).*
- Bien définir son **projet**, le but dans lequel on prend ces notes.
  ➤ *S'agit-il de faire des recherches pour un exposé ? de mémoriser un cours ?*
- En fonction de ce projet, procéder à un **repérage** sur le document original :

— des **mots-clés** récurrents (à surligner),
— de la ou des phrases-clés qui comportent les **idées directrices** (à surligner),
— des **connecteurs*** logiques et des mots-outils (à encadrer),
— des **étapes** du texte, ses parties (à séparer par des tirets obliques). **EXERCICES 1 ET 2**

2. Abréger les informations.
- On peut abréger les **mots** de plusieurs manières :

— en les remplaçant par des **symboles**

Maths/Sciences		Signes logiques	Dessins
+ *plus*	≈ *environ*	⇒ *entraîne, provoque*	% *pourcentage*
– *moins*	∈ *appartient*	⇏ *n'entraîne pas*	✝ *mort*
> *supérieur*	∪ *union*	↗ *augmente*	❤ *aime*
< *inférieur*	∩ *inter*	↘ *diminue*	♂ *homme*
≠ *différent*	// *parallèle*		♀ *femme*

— en utilisant les **abréviations** usuelles
Règle générale : les voyelles disparaissent, une double consonne devient simple (➤ *cependant :* cpdt ; *pourtant :* prtt).

Fins de mots		Abréviations courantes					
-ment	mt	*exemple*	ex	*même*	$\hat{m}$	*quand*	qd
-ion	°	*mais*	ms	*dans*	ds	*tout*	tt
-té	T	*donc*	dc	*avant*	avt	*beaucoup*	bcp
-ique	q	*c'est-à-dire*	c.à.d	*devant*	dvt	*quelques*	qq
-eur	r	*comme*	$\hat{c}$	*souvent*	svt	*plusieurs*	+r

— en créant ses propres abréviations (à consigner en légende), selon le sujet.
  ➤ *Ex. : rom = « romain » en histoire ou « romantique » en littérature.*
- On peut abréger les **phrases** en supprimant les déterminants et certaines prépositions, en remplaçant les verbes par des noms… **EXERCICES 3 À 7**

3. Présenter clairement les notes.
- **Paginer** les feuilles (en haut à droite).
- **Aérer**, laisser des espaces blancs : sauter des lignes entre les parties, aller à la ligne à chaque nouvelle idée, laisser des marges pour d'éventuels compléments.
- **Hiérarchiser** les informations : utiliser chiffres et lettres *I-, A., 1., a)…*, visualiser les idées-clés par des soulignés ou encadrés, décaler chaque niveau de titre.

EXERCICES 8 ET 9

S'EXERCER ET RÉDIGER

1 Sélectionner les informations

Exercice 1

Repérer l'essentiel en fonction d'un projet.

Statuts et droits de l'enfant

Le mot enfant nous vient du latin *infans* qui signifie *celui qui ne parle pas*. On voit déjà fidèlement se refléter dans cette origine du mot une conception bien particulière de l'enfant : *sois sage et tais-toi !* Ainsi, les pères gaulois avaient droit de vie et de mort sur leurs enfants et les lois romaines autorisaient les hommes à accepter ou refuser un enfant à sa naissance. Les peintures du Moyen Âge montrent bien la place que l'on réservait aux enfants dans la famille et la société : ils étaient toujours représentés comme des miniatures en réduction fidèle de l'adulte !

S'il fallut attendre des esprits éclairés comme Montaigne pour porter un regard attentif et bienveillant sur l'enfance, ce sont surtout les philosophes du XVIIIe siècle, *le siècle des Lumières*, qui fondèrent notre réflexion actuelle sur l'éducation et l'épanouissement de chacun. Jean-Jacques Rousseau expliquait par exemple que « l'enfant a des manières de voir, de sentir et de penser qui lui sont propres ; rien n'est moins sensé que de vouloir y substituer les nôtres ». [...]

En ce qui concerne les droits des enfants, la Révolution laisse aussi une trace indélébile. Elle s'attache à réduire par tous les moyens la terrible mortalité infantile : à cette époque la moitié des enfants meurent avant d'atteindre leur vingtième année. Dans la foulée des conseils de *L'Émile* écrit par Jean-Jacques Rousseau, on tend à débarrasser le nourrisson de tous les langes et les maillots qui emprisonnent ses bras et ses jambes. La relation parents-enfants évolue également, bénéficiant du nouveau rôle des femmes. Le décret du 28 août 1792 supprime la toute-puissance paternelle qui s'appliquait jusqu'aux enfants majeurs. Dans le même mouvement qui tend à considérer l'enfant comme une personne, on améliore considérablement la situation des enfants illégitimes (nés de parents non mariés). En juin 1793, une loi baptise les enfants abandonnés « enfants naturels de la patrie », formule qui veut rompre avec le mépris antérieur. [...]

Dans le domaine de l'éducation, les chemins pris par la Convention sont aussi significatifs. Condorcet présente un plan pour une instruction publique et laïque en 1792. En décembre 1793, avec Robespierre, l'enseignement primaire devient obligatoire et gratuit.

Alain Serres, *Le grand livre des droits de l'enfant* (1990), éd. Messidor-La Farandole, p. 8-16.

1. Repérez la source de ce texte (auteur, titre…), le(s) thème(s) et ses diverses parties.

2. Répondez par *Vrai* ou *Faux* :
a) *C'est le XVIe siècle qui a changé le plus la condition des enfants.*
b) *Le père avait tous pouvoirs sur ses enfants même majeurs jusqu'au XIXe siècle.*
c) *L'enseignement primaire est devenu gratuit à la fin du XVIIIe siècle.*
d) *Le père et la mère avaient droit de vie et de mort sur leur fille mais pas sur leur fils, chez les Romains.*
e) *Montaigne est un des premiers penseurs à avoir été attentif à l'enfance.*
f) *Condorcet est un homme politique du XVIIe siècle qui a beaucoup œuvré pour la reconnaissance des enfants illégitimes.*

3. Quelles informations sélectionneriez-vous pour préparer les exposés suivants ?
a) *Comparez la situation des enfants jusqu'au XVIIIe siècle et de nos jours.*
b) *L'évolution de la situation des enfants par rapport à leurs parents.*
c) *Quels hommes célèbres ont contribué à l'amélioration du sort des enfants ?*

Exercice 2

Repérer les liens logiques.

L'intelligence des sardines

Ça doit être idiot, une sardine… Cela passe ses journées et ses nuits, par bancs de plusieurs milliards, à ouvrir et fermer bêtement la bouche […].

Attendez. D'abord, les pêcheurs de sardines avaient remarqué que, plus ils les prenaient profond, dans un banc, plus elles étaient grosses. Celles qu'ils prenaient près de la surface étaient d'autant plus petites qu'on les avait pêchées plus haut.

Ils l'ont dit aux zoologues, les zoologues se sont mis à étudier les sardines et ils ont constaté qu'effectivement les grosses — c'est-à-dire les vieilles — se tenaient plus profond que les jeunes — les petites. Pourquoi ? L'explication était simple : les sardines ont pour ennemi numéro un, bien avant l'homme, les oiseaux de mer qui plongent en piqué et les attrapent avant de faire leur « ressource » et de remonter. Résultat : la sardine qui est en profondeur a plus de chances de n'être pas prise que celle qui se tient près de la surface. Les vieilles sardines doivent le savoir vaguement et c'est pour cela qu'elles se tiennent en dessous des jeunes.

Mais, regardant leurs bancs, les zoologues ont fait une autre remarque : il y en a des millions mais, quand elles sont tranquilles, elles se tiennent toujours « en quinconce », c'est-à-dire placées de telle façon que chaque sardine, qui a les yeux sur le haut de la tête, puisse voir le ciel au-dessus d'elle. Et la surface : l'endroit d'où arrivera l'oiseau ennemi quand il fera son piqué. Ce qui permet de supposer que ces braves poissons sont moins bêtes qu'on le dit.

Alors on a enfin compris pourquoi on découvrait quelquefois dans le Pacifique des « boules de sardines » inexplicables… On en a vu se constituer et se défaire. Cela se passe en trois temps : d'abord le banc de « *sardinae cerulae* » (c'est leur nom savant) nage bien paisible, un million de sardines ouvrant et fermant la bouche en cadence.

Mais voici qu'un oiseau de mer, familier des attaques en piqué, les survole. En un instant, toutes se précipitent les unes vers les autres, formant une boule qui peut avoir deux mètres de diamètre, où chacune essaie de se faufiler vers le centre où, évidemment, elle sera moins en danger. Résultat : l'oiseau plonge dans la mer vide.

Mais les oiseaux de mer sont tous malins. Certains ont-ils eu l'idée, leur piqué n'ayant rien donné, de foncer vers la boule de sardines pour en attraper une au passage ? C'est peu probable car l'oiseau ferme les yeux quand il entre dans l'eau. Mais il est parfaitement possible qu'un oiseau, ayant fait sa « ressource », remonte par hasard vers cette boule et en profite. Quand une bande d'oiseaux a plongé en même temps, cela doit même arriver assez souvent.

Les sardines ont prévu le cas. La boule qu'elles ont constituée éclate presque aussitôt, les sardines filent chacune de son côté et se retrouvent en rond formant un grand cercle au milieu duquel l'oiseau qui avait plongé ressort, le bec vide.

Voilà de quoi sont capables les sardines stupides. Alors, vous imaginez les autres poissons…

Jacques Trémolin, *Les bêtes ont leurs secrets* (1977), éd. Hachette, p. 7-10.

1. Encadrez les liens logiques et mots de liaison qui donnent sa structure à ce texte.

2. Distinguez les trois grandes parties et repérez les phrases-clés.

3. À quelle question initiale répond ce texte ? Quelle en est la conclusion ?

2 Abréger les mots et les phrases

Exercice 3

Comprendre des mots abrégés.

Retrouvez les mots qui ont été abrégés ci-après : *civilisat° ; ptt ; Révol Frcse ; défensr ; dénombrmt ; géogrphqmt ; équatr ; équat° ; csqce ; subj. ; vb intr ; réf ; scientifq.*

Exercice 4

Abréger les mots.

Trouvez des abréviations claires pour les mots ci-après : *logiquement ; commencement ; vecteur ; personnalité ; caractère ; poétique ; homme ; irrigation ; participe passé ; substance ; pour mémoire.*

Exercice 5

Utiliser des symboles.

Transformez les phrases suivantes en style télégraphique, à l'aide d'abréviations, de symboles ou de dessins.
a) *Hugo est né en 1802 et mort en 1885.*
b) *La population mondiale a considérablement augmenté ces cinquante dernières années, ce qui a provoqué des crises économiques graves.*
c) *Contrairement aux prévisions, le pourcentage croissant à la télévision de publicités pour les médicaments n'a pas entraîné de consommation plus grande de ces produits.*
d) *La population active compte plus d'hommes que de femmes.*
e) *Le nombre de livres est actuellement bien supérieur à celui du siècle dernier.*

Exercice 6

Reconstituer un texte abrégé.

Une nouveauté : le châle

Arrivée châle en Fr. d'Angl. → 1re orthogr : *shall*. Importé depuis Directoire par Cie des Indes ; très vite répandu. Les + appréciés = du Cachemire (fts avec poil chèvre *pushm*) → nom pop : *pushmina* ; très chers.

Ss Napol., créat° manufact. → gde product°, ≠ genres et qualités → mode.

♀ de qualT doit savoir maniemt châle, se distingue ĉ ça de ♀ pop.

Réalisat° dessins très complexe → perfect°ts machine Jacquard (XIXe).

Noté à partir de « Le Vêtement », *Périscope* (1991), éd. P.E.M.F., p. 26.

« Traduisez » ces notes en phrases entièrement rédigées.

Exercice 7

Abréger les phrases.

Les Indiens du Guatemala

Les Indiens [...], illettrés à 93 % pour les hommes, à 100 % pour les femmes, subissent une mortalité infantile de 75 %. Leur espérance de vie est celle que l'on avait au Moyen Âge en Europe : trente-cinq ans. Il existe un médecin pour 120 000 Indiens. Ils ne possèdent rien. 70 % de leurs terres appartiennent à 2 % de la population. Ils vivent d'une poignée de soupe de maïs, de *frijoles* (haricots noirs) et boivent le *guaro*, atroce alcool de canne à sucre. Immobile, silencieux, intemporel, le peuple Indien regarde passer l'Histoire et s'écouler la civilisation des hommes conquérants, cupides et triomphants. Il se livre à de minuscules commerces, gratte le sol avec un bâton pointu, comme ses ancêtres du grand empire Maya, pour planter le maïs éternel, porte des charges énormes sur son dos, danse parfois tristement au son des marimbas.

JACQUES DOUYAN, *Nice-Matin* (mars 1971).

1. Notez ce texte en style télégraphique : remplacez les verbes par des noms, supprimez déterminants, prépositions...

2. Écriture. Documentez-vous pour présenter un exposé sur *la situation actuelle des Indiens du Guatemala.*

3 Présenter clairement et hiérarchiser

Exercice 8

Regrouper par rubriques et ordonner.

Biographie de Prévert

PRÉVERT JACQUES
(Neuilly 1900 – Omonville-la-Petite 1977).
Ses amis disaient de lui : « Il ne ressemblait à personne. » Jacques Prévert est sans doute le poète le plus populaire de notre temps. Le moins prétentieux également, le moins « homme de lettres » ; et sans l'achar-

nement de quelques amis, les poèmes de Prévert seraient dispersés aux quatre vents.

Il fut un moment employé « aux Grands Magasins du Bon Marché », fréquenta les surréalistes sans jamais appartenir vraiment au groupe ; il voyagea aux USA, en URSS, fut le merveilleux scénariste et dialoguiste de *Quai des brumes*, des *Visiteurs du soir*, du *Jour se lève*, des *Enfants du Paradis*, de *Drôle de drame*, etc. Il vécut à Paris, à Saint-Paul-de-Vence, et en Normandie où il mourut.

Ses premiers recueils de poèmes, *Paroles* (1946), *Spectacles* (1951), *La Pluie et le Beau Temps* (1955), etc., eurent un immense succès dans tous les milieux, ce qui constitue un phénomène unique dans la vie poétique contemporaine où la poésie ne connaît que de petits tirages. Parurent ensuite *Histoire* (1963), *Fatras* (1966), *Choses et autres* (1972) et, à titre posthume, *Soleil de nuit* (1980).

Prévert pourtant, avec un humour corrosif et tendre, s'en prit à toutes les « valeurs », morales, politiques et religieuses, de la bourgeoisie, pourfendant les gens en place, glorifiant les paumés, les révoltés, les exploités. Sa participation en 1936 aux activités du groupe « Octobre » dans les usines occupées par les grévistes n'a rien d'un acte gratuit. Et a-t-on jamais assez souligné que cet inimitable faiseur de calembours, ce parleur infatigable est un merveilleux poète de l'amour, de la tendresse, de l'amitié.

Il avait, disent ses amis, le regard bleu qu'il donne dans un de ses poèmes à Vincent Van Gogh : *« Le regard bleu et doux / Le vrai regard lucide et fou / De ceux qui donnent tout à la vie… »*

Et la poésie de Prévert, comme ses chansons, est bien un perpétuel don de vie. Et d'abord de la vie intense et folle, drôle et terrible, et toujours juste de ce langage, de tous pour tous.

Jacques Charpentreau et Georges Jean,
Dictionnaire des poètes et de la poésie
(1983), éd. Gallimard, p. 323.

1. Ordonnez logiquement, à votre façon, ces notes sur Prévert pour les présenter et les classer sous trois ou quatre rubriques auxquelles vous donnerez un titre.

2. Redistribuez ces informations pour remplir la « fiche-auteur » ci-dessous :

NOM : ....
Siècle/époque : ....
Milieu, éducation : ....
Caractéristiques : ....
Genre(s) artistique(s) : ....
Titres des œuvres essentielles : ....
Thèmes abordés : ....

Exercice 9

Prendre des notes sur un texte long.

Le roman policier

La dénomination de Roman policier ne recouvre pas un schéma unique, mais bien au contraire les formes multiples d'un genre qui s'est renouvelé et enrichi au fil des œuvres et au cours des ans. On pourrait dire toutefois que, de façon majoritaire, il y a à la base d'une fiction policière, une histoire, racontée avec concision, et la récurrence d'éléments bien distincts : un enquêteur (détective, policier ou privé) cherche à élucider un mystère, souvent lié à un meurtre, et à identifier la plupart du temps un coupable. Le tout va être savamment distillé au cours du récit, car le suspense est ici un élément fondamental. Cependant tous les romans policiers ne se conforment pas à la règle, et l'on peut lire d'excellentes histoires criminelles, sans enquête policière.

Les précurseurs du genre, au XIXe siècle, **Edgar Poe** avec *Double assassinat dans la rue Morgue*, **Émile Gaboriau**, son héritier, avec *L'Affaire Lerouge*, **Conan Doyle** et son célèbre *Sherlock Holmes*, proposent à leurs lecteurs des enquêtes menées par des détectives perspicaces et méthodiques, qui résolvent l'énigme par l'observation et l'analyse. Leurs déductions logiques sont souvent époustouflantes. Ces fondateurs du genre ont créé <u>le récit de détection.</u>

Dès 1920, **Agatha Christie** apparaît sur scène, en publiant *La mystérieuse affaire de styles* où l'on voit pour la première fois le fameux Hercule Poirot. Elle va triompher dans <u>le roman-problème</u> et dominer la littérature policière de l'entre-deux-guerres. […]

La collection *Le Masque*, fondée en 1927, est la première à éditer en France ces romans policiers de type énigmatique. C'est *Le meurtre de Roger Ackroyd* d'**Agatha Christie** qui devient le premier titre de la collection.

Dans les années 30, avec la crise économique, la littérature policière évolue profondément.

Hammett et **Chandler** font éclater le genre et imposent le roman noir. Le personnage du privé apparaît, moins cérébral que le détective, plus engagé. Le privé devient le témoin d'une réalité de son époque, le roman noir américain met en avant les problèmes d'une société qui se dégrade. Le crime n'est plus l'élément central. Le mode d'écriture du roman policier change alors : un style plus journalistique, une langue plus proche de l'argot, un découpage qui rejoint le langage cinématographique.

En France, le père du roman noir est **Léo Malet**. Il crée avec Nestor Burma un personnage de privé, authentiquement français, qui enquête dans les différents arrondissements de Paris. Avec **Malet**, un ton complètement nouveau apparaît dans le roman policier français.

La prestigieuse *Série Noire* de Gallimard fondée en 1945, dont on célèbre cette année le cinquantenaire, édite en majorité des auteurs américains issus du roman noir — **Chase** et **Cheyney** vont être des auteurs best-sellers de la collection — mais elle s'intéresse aussi à des auteurs « noirs » français (**Amila**, **Vautrin**, **Ryck**).

Il convient de classer **Simenon**, à la même époque, dans une catégorie à part. Auteur de plus de quatre cents romans, souvent assez angoissants, il possède un style neutre, d'une grande efficacité. Son détective, le commissaire Maigret, ne ressemble à aucun de ses confrères, les plus fameux soient-ils. C'est une figure mythique.

On retrouve, d'une certaine manière, dans l'œuvre de **Simenon**, le schéma du roman à énigme, mais enrichi d'une puissance d'évocation exceptionnelle mise en œuvre pour décrire les différents milieux sociaux. Maigret fait preuve d'une réflexion psychologique poussée pour cerner la personnalité du criminel.

Dans les années 40, le roman à suspense rajoute un élément qui manquait jusqu'alors aux différentes formes du roman policier : le personnage de l'individu traqué. Sans savoir souvent pourquoi, ni par qui, ce nouveau personnage doit lutter pour survivre. Aux États-Unis, c'est **Irish** puis **Goodis** qui illustrent le genre. En France, **Boileau-Narcejac** réussit complètement à intégrer la psychologie de la victime dans le récit policier à énigme. Pour eux, c'est « le roman de la victime ».

Après une stagnation dans les années 60, un renouveau survient en France, à partir de 1970, issu des événements de 68.

Le Néo-polar, un roman policier qui conteste violemment la société contemporaine et qui cherche à exprimer son malaise a comme chef de file **J.-P. Manchette**. [...]

Les nouveaux auteurs de romans policiers, tels que **Pennac**, **Jonquet**, **Jaouen**, **Pouy**, **Huet**, **Benacquista**, refusent les modèles et sont difficiles à classer. L'humour et la dérision sont leurs armes pour des polars d'atmosphère, où ils évoquent des lieux, des personnages, une ambiance, et où le narrateur se situe toujours à distance de son histoire.

Aujourd'hui le roman policier semble vraiment un genre aux ressources inépuisables qui prend une place de plus en plus importante dans la littérature romanesque, de par sa diversité et sa structure. Il continue à être le miroir d'une société et le reflet de son époque. Il a encore une longue vie devant lui.

FRANÇOISE HEDDE, *Lecture Jeune*, n° 74 (1995).

1. Repérez les thèmes et les phrases-clés ; les connecteurs* logiques, puis les parties du texte. Donnez-leur un titre.

2. Confectionnez une légende propre à la prise de notes de cet article.

3. Prenez des notes, en les présentant de manière claire et ordonnée, en vue d'un exposé sur deux des sujets suivants.
a) *Les constantes des romans policiers.*
b) *Les auteurs de romans policiers.*
c) *Les personnages du roman policier.*
d) *Les types de romans policiers.*

CHAPITRE

3 Comprendre et appliquer une consigne

LIRE ET OBSERVER

La consigne

Sylvie D., *Souvenirs* (1996).

«… Une consigne, oui, mademoiselle : une con-si-gne !… »

C'était la correction de la rédaction… Le mot m'avait foudroyée : allais-je devoir suivre le chemin honteux des élèves punis le samedi ? Monsieur Barbier avait repris de plus belle :

«… Franchement, mademoiselle ! Vous ne savez donc pas lire une consigne ? Je croyais pourtant le sujet assez clair : *Faites le portrait de votre grand-mère en mettant en relief les traits qui la caractérisent. Votre devoir devra être écrit au passé.* Et, égarée par votre émotion, vous me composez un ravissant poème où vous racontez comment votre grand-père vous emmène, chaque dimanche, à la pâtisserie et vous laisse choisir tous les gâteaux que vous voulez !

… Alors, d'un majestueux geste,
Il désigne l'étalage de tartes,
D'éclairs, de choux, de Paris-Brest,
Et me laisse entière blanche carte…

Mais relisez, analysez le sujet, voyons ! Chaque mot compte… Alors, pour vous, un portrait est un récit… ? ou, pourquoi pas, un poème ?!… Pour vous, *grand-mère* égale *grand-père* ?!!!

— Mais, monsieur, ma grand-mère… je ne l'ai jamais connue !…

— Oh, je suis confus… Mais la consigne reste la consigne ! »

Je soufflai néanmoins : le manque d'égards que j'avais eu pour la « consigne » me valut une note pitoyable, mais… sans consigne le samedi ! ■

La consigne donnée par le professeur.

La réponse de l'élève.

Les critiques et les conseils du professeur.

Analyser

● L'élève s'est trompée sur le **thème** de la question (« la grand-mère »), mais aussi sur le texte à produire : on attendait un « portrait », la description d'une personne, et non un « récit » ; la **forme** du « poème » ne convient pas. Enfin, son texte est au présent, au lieu d'être « au passé ».

RETENIR

Bien lire une consigne permet dans tous les types d'exercices, dans toutes les matières :
– de **comprendre** ce qui est demandé,
– de savoir **où chercher** ses informations,
– d'**éviter le hors-sujet.**
Cette étape est importante car elle conditionne la réussite du devoir.

1. Bien comprendre la notion de consigne. EXERCICES 1 ET 2

2. Lire l'énoncé jusqu'au bout, avant d'écrire quoi que ce soit ; le **relire** plusieurs fois, pour déjouer les pièges, puis repérer à quel **domaine** il s'applique. EXERCICES 3 À 5

3. Analyser précisément la consigne.
• Pour cela, il faut repérer les mots-clés qui indiquent :
– le **thème**, le **sujet** (à souligner en rouge) : cela évite le hors-sujet ;
– la **forme** que doit prendre la réponse (à souligner en vert) ;
➤ *Est-ce une phrase ? un nombre ? une information ? un commentaire ?*

Les verbes des consignes contiennent souvent des indications importantes.

Consigne	Forme et contenu de la réponse
Relever, chercher, repérer	Liste de mots, relevé d'informations (éventuellement sous forme de tableau)
Remplacer, transformer, retranscrire, transposer	Réécriture d'un mot ou d'un passage extrait d'un texte
Analyser, expliquer, commenter	Réponse rédigée (observation, explication avec d'autres mots, interprétation)
Critiquer, discuter	Réponse rédigée (remarques personnelles, arguments supplémentaires, autre avis)

– les diverses **étapes** à suivre, leur succession ;
➤ *Souvent, ces mots sont des connecteurs* logiques, des adverbes temporels ou des verbes tels que* en conclure, en déduire…

Il peut être utile de chercher dans le dictionnaire le sens exact des mots repérés. EXERCICES 6 À 9

• Ensuite, il faut s'approprier la consigne pour envisager la manière d'y répondre :
– **reformuler** la consigne de plusieurs façons, avec vos propres mots ;
– la **diviser en consignes partielles**, en sous-questions ;
➤ *« Êtes-vous pour ou contre la chasse ? »* pourra être divisé en sous-questions : *Quels sont les avantages de la chasse ? les inconvénients ? La chasse peut-elle être modifiée ? Au total, qu'est-ce que je pense de la chasse ?* EXERCICES 10 ET 11

4. Relire la réponse que l'on a produite et porter un jugement **critique** pour apprécier si elle est cohérente, logique, **en accord** avec la consigne. EXERCICES 12 À 14

S'EXERCER ET RÉDIGER

1 Comprendre la notion de consigne

Exercice 1

Comprendre le mot « consigne ».

L'allumeur de réverbères

Lorsqu'il aborda la planète il salua respectueusement l'allumeur :

« Bonjour. Pourquoi viens-tu d'éteindre ton réverbère ?

— C'est la consigne, répondit l'allumeur. Bonjour.

— Qu'est-ce que la consigne ?

— C'est d'éteindre mon réverbère. Bonsoir.

Et il le ralluma.

— Mais pourquoi viens-tu de le rallumer ?

— C'est la consigne, répondit l'allumeur.

— Je ne comprends pas, dit le petit prince.

— Il n'y a rien à comprendre, dit l'allumeur. La consigne c'est la consigne. Bonjour. »

Et il éteignit son réverbère.

Antoine de Saint-Exupéry, *Le Petit Prince* (1943), éd. Gallimard.

1. *Qu'est-ce que la consigne ?* demande le petit prince. Le mot *consigne* est polysémique* : cherchez dans le dictionnaire tous les sens de ce mot.

2. À quels domaines s'appliquent ces divers sens ? Utilisez le mot *consigne* dans des phrases illustrant ses diverses significations.

3. Cherchez des synonymes* de *consigne* au sens « pédagogique ».

4. Écriture. Formulez, dans un langage très officiel et administratif, la consigne donnée à l'allumeur de réverbères.

Exercice 2

Reconnaître les formulations des consignes.

a) Pour faire le portrait d'un oiseau
Peindre d'abord une cage [...]

J. Prévert, *Paroles* (1946), éd. Gallimard.

b) Le professeur. — [...] conjuguez-moi le verbe être, comme tout le monde, c'est tout ce que je vous demande.

J. Prévert, *Paroles* (1946), éd. Gallimard.

c) On nous a donné l'autre jour comme sujet : « Thémistocle haranguant les Grecs [...] Mettez-vous à la place de Thémistocle ».

J. Vallès, *L'Enfant* (1879).

d) Pour fabriquer un pendule, vous découpez un cube de 1 cm d'arête en polystyrène ; vous le recouvrez d'une feuille d'aluminium, puis vous l'attachez à une règle en bois.

e) Nicolas commença en ces termes : Faites une croûte de pâté chaud comme pour une entrée.

B. Vian, *L'Écume des jours* (1946), © Société Nouvelle des Éditions Pauvert (1979).

f) — La Crique, vous me ferez pour demain le verbe « faire le singe » et vous aurez soin au futur et au conditionnel de mettre « je ne ferai plus » et « je ne ferais plus le singe » au lieu de « je ferai », c'est compris ?

L. Pergaud, *La Guerre des boutons* (1912), éd. Mercure de France.

g) Pour bien jouer une scène, je l'apprends parfaitement, je la récite à toute vitesse plusieurs fois, puis je mets le ton ; enfin, je choisis les jeux de scène.

h) Comment appelle-t-on la femelle de l'âne ? du cheval ? du taureau ?

i) Analyse grammaticale de *hippocampe* dans : « Cet animal est un hippocampe. »

1. Repérez pour chacune de ces consignes :
a) le domaine auquel elle appartient (histoire, mathématiques, français...) ;
b) la nature grammaticale des mots utilisés (nom, verbe...) et la forme des phrases (déclarative, interrogative...) ;
c) le mode des verbes, leur temps et la personne utilisée.

2. Écriture. Inventez un objet introuvable bizarre et composez son mode d'emploi, en détaillant les consignes à suivre.
Ex. : un peigne pour chauve...

2 Savoir prendre du temps pour lire

Exercice 3

Gérer son temps.

Le jeu des deux minutes

Testez-vous en faisant ce jeu des deux minutes : il vous faut un crayon, une feuille et la consigne du jeu qui suit. Prêt ? Partez !

1. Vous avez deux minutes pour exécuter ces instructions.
2. Lisez tout avant de commencer.
3. Faites l'opération : 60 x 12
4. Mettez vos initiales dans le coin gauche, en bas de la feuille.
5. Signez votre nom dans le coin droit, en haut de la feuille.
6. Faites deux croix en bas à droite.
7. Écrivez votre âge sous les deux croix.
8. Entourez les deux croix d'un rectangle.
9. Au verso de la feuille, divisez : 36 : 3
10. Écrivez le résultat en toutes lettres.
11. Rayez le mot « âge » de l'instruction 7.
12. Entourez vos initiales d'un cercle.
13. Arrivé là, criez : « Je suis les consignes. »
14. Soulignez deux fois votre âge.
15. Dites : « J'en suis à l'instruction 15. »
16. Entourez l'instruction 8.
17. Multipliez 36 par 4.
18. Murmurez : « C'est moi qui respecte le mieux la consigne. »
19. Ne suivez que les consignes 2, 4, 19 et 20.
20. Retournez votre feuille et attendez une autre instruction.

1. Le jeu est fait ? Comprenez-vous pourquoi il faut lire la consigne jusqu'au bout avant d'écrire quoi que ce soit ? Voici *l'autre instruction :* écrivez sur la feuille la réponse à la question qui précède…

2. Écriture. En vous servant de votre expérience du *jeu des deux minutes*, expliquez ce paradoxe* : *On peut gagner du temps et s'épargner de la fatigue en « perdant » du temps.* Votre paragraphe *(15 lignes)* devra comporter une thèse* (l'idée à démontrer), un argument* et l'exemple* du jeu ci-dessus.

Exercice 4

S'amuser à repérer des consignes absurdes.

Voici une liste de consignes.

a) Recherchez dans une encyclopédie un tableau de François Ier sur son cheval bai ; faites-en la description, en précisant de quelle couleur était cette fameuse monture.

b) Puisque tu fais de la géométrie et de la trigonométrie, je vais te donner un problème : un navire est en mer, il est parti de Boston chargé d'indigo, il jauge deux cents tonneaux, fait voile vers Le Havre, le grand mât est cassé, il y a un mousse sur le gaillard d'avant, les passagers sont au nombre de douze, le vent souffle N-E-E, l'horloge marque trois heures un quart d'après-midi, on est au mois de mai. On demande l'âge du capitaine.

G. Flaubert, *Correspondance* (15 mars 1843).

c) « Sais-tu faire une Division ? Divise un pain par un couteau… qu'est-ce que tu obtiens ?

— Je suppose… », commença Alice.

Mais la Reine répondit pour elle :

« Des tartines beurrées, naturellement. »

L. Carroll, *Alice au pays des merveilles* (1872), © éd. J.-J. Pauvert (1961 pour la traduction française).

d) L'espace : I- Étant donné un mur, que se passe-t-il derrière ? II- Quel est le plus *long* chemin d'un point à un autre ?

J. Tardieu, *Le Professeur Froeppel* (1978), éd. Gallimard.

e) Vous venez de lire le préambule de la Déclaration des droits de l'homme ; relisez-le attentivement et dites en quoi il conclut logiquement cette suite de trente articles.

f) Conjuguez *tomber* aux six personnes du passé antérieur de l'impératif (passif).

1. Lisez attentivement chaque consigne.
a) À partir des champs lexicaux*, repérez à quel domaine chacune se rapporte.
b) Ces consignes vous semblent-elles possibles à exécuter ? Pourquoi ?

2. Écriture. Amusez-vous à composer des consignes absurdes. Ayez soin de cacher l'erreur sous des détails bien choisis.

Exercice 5

Repérer le domaine d'une consigne.

a) Quels sont vos centres d'intérêt ?
b) Trouvez quel est le centre industriel le plus important de France.
c) Faites une enquête sur les bénéfices du centre commercial proche de chez vous.
d) Repérez quel est le centre du cercle de diamètre CD : O ? A ? ou B ?
e) Faites un schéma de l'hémicycle de l'Assemblée nationale et coloriez de trois couleurs la gauche, le centre et la droite.
f) Faites la liste de tous les centres nerveux de l'être humain.
g) Expliquez le rôle d'un avant-centre.

> **1.** D'après le contexte, donnez le sens du mot *centre* dans chaque consigne.
>
> **2.** Déduisez-en la matière, le domaine auquel s'applique chaque consigne.

3 Repérer l'essentiel dans une consigne

Exercice 6

Trouver la phrase-clé dans un énoncé long.

Votre maison, le quartier ou le lieu-dit dans lequel vous habitez, votre ville ou bien votre village, tout ceci constitue pour vous un décor quotidien et joue un rôle essentiel dans le déroulement de votre existence…

Tout en décrivant votre environnement actuel et en évoquant les évolutions ou les transformations, même limitées, qui ont pu intervenir au fil des dernières années pour vous-même et pour votre famille, vous réfléchirez à l'influence que peut prendre le lieu d'habitation pour quelqu'un, jeune ou adulte.

Vous n'hésiterez pas à établir des comparaisons entre des situations différentes (cherchez vos exemples dans le voisinage, chez les amis, la famille large, etc.).

> Dans cet énoncé assez long, isolez le membre de phrase qui contient la consigne proprement dite. À quoi sert, selon vous, le reste de l'intitulé ?

Exercice 7

Repérer les mots-clés indiquant le thème.

a) Évoquez une tradition qui vous semble encore barbare au XXe siècle. Décrivez-la, faites-en l'historique et essayez de comprendre pourquoi elle est encore vivace.

b) Le monde des arts et des spectacles offre des carrières passionnantes. Si vous en aviez la possibilité, à quelle activité artistique aimeriez-vous consacrer votre vie ? Analysez les raisons de votre choix.

> **1.** Recopiez les consignes ci-dessus. Soulignez en rouge le ou les mots qui indiquent le thème de l'exercice.
>
> **2.** Pour chaque mot relevé, donnez des synonymes*.

Exercice 8

Repérer la forme de la réponse attendue.

a) Dressez la liste des mots de la famille de *culture* que vous connaissez.
b) Rédigez un paragraphe où vous vous présenterez à un correspondant étranger chez qui vous allez passer vos vacances.
c) Vous avez envie de rencontrer un joueur de football. Composez la lettre que vous lui ferez parvenir par son manager.
d) Retrouvez toutes vos notes de rédaction de l'an dernier et faites un graphique qui mettra en évidence l'évolution de vos résultats. Tirez une conclusion de la courbe que vous aurez tracée.
e) Composez un poème en vers réguliers sur votre animal familier.
f) Préparez l'interview que vous aimeriez faire de votre vedette préférée.
g) Faites le compte rendu d'une visite que vous avez faite dans un centre de recherches aérospatiales. Votre travail devra se présenter sous forme de plan détaillé.
h) Mettez en scène deux personnages qui ont des points de vue différents sur les expériences scientifiques faites sur les animaux.

> Recopiez chacune des consignes ci-dessus. Soulignez en vert le ou les mots qui indiquent la forme que doit prendre la réponse.

Exercice 9

Distinguer les différentes étapes d'une consigne.

a) Voici, à titre d'exemple, une technique ancienne de multiplication manuelle que l'on peut exécuter sur simple énoncé des données, à l'exclusion de tout autre artifice matériel. Grâce à l'ingénieux procédé qui va suivre, il est possible d'effectuer rapidement les multiplications des nombres entiers compris entre 5 et 10.

Soit, par exemple, à multiplier 7 par 8. Pour cela, on replie sur une main autant de doigts qu'il y a d'unités supplémentaires dans 7 par rapport à 5 (soit 2 doigts) et l'on maintient les trois autres doigts étendus. On replie ensuite sur l'autre main autant de doigts qu'il y a d'unités supplémentaires dans 8 par rapport à 5 (soit 3 doigts) et l'on maintient les deux autres doigts étendus. Le résultat de la multiplication s'obtient alors en multipliant par 10 le nombre total des doigts repliés (à savoir $2 + 3 = 5$) et en ajoutant le résultat ainsi obtenu au produit des doigts étendus sur l'une et l'autre main :
$7 \times 8 = (2 + 3) \times 10 + 3 \times 2 = 50 + 6 = 56$.

Georges Ifrah, *Histoire universelle des chiffres* (1981), éd. Seghers.

b) Voici une liste de mots : *chambre, maison, jardin, moine, fille, garçon, veine, rue, carpe, arbre, branche, fleur, oiseau, frère, sœur, tableau, diable, plante.*

Composez une nouvelle liste de mots en ajoutant à ceux de la liste ci-dessus un suffixe diminutif, qui donne une idée de petitesse *(Ex. : chambre → chambrette)* ; faites ensuite un tableau où vous classerez les mots obtenus par colonne selon le suffixe employé ; déduisez-en quel est le suffixe diminutif le plus couramment employé. Trouvez enfin d'autres exemples de mots formés avec le même suffixe.

1. Repérez les mots de liaison ou les indicateurs temporels qui vous montrent la succession des étapes nécessaires à la réalisation de ces consignes.

2. Comptez, à l'aide de ces mots, combien d'étapes comporte chaque consigne.

Exercice 10

Reformuler une consigne avec ses propres mots.

Les parents ont toujours hésité entre le laxisme et la rigueur à l'égard de leurs enfants. Qu'en pensez-vous ? Donnez les grandes lignes de l'éducation idéale telle que vous la concevez, en n'oubliant pas d'en définir les buts.

1. Cherchez, dans le dictionnaire, le sens des mots que vous ne connaissez pas.

2. Trouvez, dans l'intitulé de la consigne, les mots-clés qui délimitent le thème à traiter.

3. S'agit-il d'un sujet de réflexion ou d'un sujet d'imagination ? d'une argumentation* ou d'une narration* ?
Quels mots de la consigne vous ont permis de répondre à cette question ?

4. Formulez la consigne d'une autre façon, avec vos propres mots ; vous pouvez obtenir plusieurs sous-questions.

5. Écriture. Répondez, en un paragraphe construit et assorti d'exemples* personnels précis, à l'une des sous-questions que vous aurez formulées vous-même.

Exercice 11

Décomposer une consigne en consignes partielles.

Vous êtes élu maire de votre ville. Supposez que vous ayez alors toute liberté pour réaliser les changements, les améliorations capables de rendre plus commode et agréable la vie de vos concitoyens. Exposez les principales mesures que vous prendriez et justifiez-les.

1. Décomposez cette consigne globale en plusieurs questions partielles, de façon à traiter tous les aspects du sujet, à le subdiviser en « sous-consignes ». Indiquez à quel mot de l'énoncé chacune de vos questions se rattache.

2. Écriture. Choisissez une de vos questions et répondez-y en un paragraphe rédigé.

4 Confronter consigne et réponse

Exercice 12

Identifier les erreurs d'interprétation.

La composition de calcul

Debout sur l'estrade, avec la gravité qui convient aux proclamations publiques, le maître commença la dictée du problème :

— Tandis qu'un train de marchandises…

Ce début fit excellente impression sur le petit Fernand Ballavoine, le rouquin du sixième banc près de la fenêtre. On n'est pas arrivé jusqu'à la classe du certificat sans savoir que l'expression *tandis que* est plutôt favorable au développement narratif, poétique même, et c'est pourquoi, démarrant de la sorte, le train de marchandises avait une chance de folâtrer dans la campagne, sans souci d'horaire ni d'aiguillage, avec une désinvolture de véhicule romantique. Le maître d'ailleurs avait attaqué le récit comme du Hugo et sa main droite elle-même, sa belle main crayeuse aux longs doigts instructifs, avait esquissé un geste ailé, déclamatoire, bien assorti au style de cette locution conjonctive.

J. Perret, *Objets perdus* (1949), éd. Gallimard.

1. Sur quelle matière porte le contrôle ? Quel type de réponse le maître attend-il ?

2. Repérez les expressions qui indiquent à quelle matière appartient la réponse que l'élève s'apprête à fournir, puis quelle forme elle va prendre. Quels reproches le maître lui adressera-t-il dans la correction de sa copie ?

3. Identifiez les causes de l'erreur de l'élève : comment a-t-il interprété la consigne ? Quels conseils lui donneriez-vous ?

4. Écriture. Terminez la consigne du contrôle, telle que peut la dicter le maître :

Tandis qu'un train de marchandises…

Puis, en suivant les précisions fournies dans le texte, composez le devoir de l'élève. Enfin, prenez un stylo rouge et écrivez dans la marge les remarques, corrections et conseils que le maître devrait inscrire.

Exercice 13

Composer une consigne.

Écriture. Composez vous-même les consignes les plus précises possible pour aboutir aux deux exercices faits ci-dessous.

a) *bleu* → *bleuâtre*
vert → *verdâtre*
marron → *marronnasse*
blond → *blondasse*
noir → *noirâtre*
violet → *violacé*

b) *J'aiderai* *J'ouvrirai* *Je croirai*
Tu aideras *Tu ouvriras* *Tu croiras*
Il aidera *Il ouvrira* *Il croira*

Exercice 14

Corriger une copie…

Composition française

Tout jeune Napoléon était très maigre
et officier d'artillerie
plus tard il devint empereur
alors il prit du ventre et beaucoup de pays
et le jour où il mourut il avait encore
du ventre
mais il était devenu plus petit.

Jacques Prévert, *Paroles* (1946), éd. Gallimard.

Écriture. Prenez pour une fois la place du professeur… face à l'élève Prévert ! Composez deux consignes que vous lui auriez données et auxquelles il aurait répondu par le texte ci-dessus.

a) Dans le premier cas, Prévert obtient une excellente note parce que son travail répond parfaitement à tous les aspects de votre consigne.

b) Dans le deuxième cas, il a certes fait un texte amusant, mais il s'est trompé sur un des aspects de votre consigne (domaine, thème, forme…). Corrigez alors la « copie » de Prévert en lui faisant les remarques nécessaires.

N'oubliez pas de préciser dans vos deux consignes le thème du devoir, les étapes à suivre, la forme que doit prendre la réponse, et toute autre précision que vous jugerez bon de lui indiquer (tonalité*…).

CHAPITRE 4

Savoir faire des introductions

LIRE ET OBSERVER

Introduire un récit

DINO BUZZATI,
Le K. , « Le défunt par erreur » (1966),
éd. Pocket.

Un matin, le célèbre peintre Lucio Predonzani, quarante-six ans, qui s'était retiré depuis longtemps dans sa maison de campagne à Vimercate, resta pétrifié en ouvrant son journal quotidien, car il venait d'apercevoir en troisième page, à droite en bas, sur quatre colonnes, le titre suivant :

L'ART ITALIEN EN DEUIL
Le peintre Predonzani est mort ■

Présenter quelqu'un

EDGAR ALLAN POE,
Nouvelles histoires extraordinaires,
« Lionnerie »
(1857).

Je suis — c'est-à-dire j'étais — un grand homme ; mais je ne suis ni l'auteur de Junius, ni l'homme au masque de fer ; car mon nom est, je crois, Robert Jones, et je suis né quelque part dans la cité de Fum-Fudge.

La première action de ma vie fut d'empoigner mon nez à deux mains. Ma mère vit cela et m'appela un génie ; — mon père pleura de joie et me fit cadeau d'un traité de nosologie[1]. Je le possédais à fond avant de porter des culottes. Je commençai dès lors à pressentir ma voie dans la science… ■

1. Discipline médicale qui vise à classer les maladies.

Des éléments d'informations

- Mots et phrases-clés (événements, personnages, thèmes)
- Détails et circonstances (lieu, temps …)

Une fonction d'ouverture

- Annonces de la suite
- Éléments de suspense

Introduire une réflexion argumentative

SUJET DE RÉFLEXION

Le sport, la musique, les arts plastiques sont-ils pour vous des matières secondaires ?

Phrases d'ouverture, d'appel

Dans le système scolaire français, la musique, l'éducation artistique ou le sport passent souvent pour des matières « secondaires », c'est-à-dire superflues ; il n'est que de constater la disproportion, dans les emplois du temps, entre les rares séquences qui leur sont consacrées et le nombre d'heures des matières dites « principales ». Or, de nos jours, de nombreux éducateurs déplorent ce phénomène : les pays anglo-saxons ont déjà accordé une place bien plus importante à cette formation.

Problématique, question du sujet

On peut alors se demander si ces matières sont vraiment superflues et si leur disparition serait sans conséquences.

Annonce du plan en 2 parties

Si elles ne semblent pas aussi vitales ou rentables que les matières principales, / ne sont-elles pas cependant agréables, utiles — même indispensables — pour une existence équilibrée ?

RETENIR

Une introduction est une partie essentielle d'un texte. Elle sert à « conduire » (*ducere* en latin) le lecteur « dans » le récit*, l'argumentation* ou la situation qui va suivre :
- en donnant les éléments essentiels à la compréhension de la situation,
- en éveillant l'intérêt et en ménageant le « suspense »,
- en donnant des pistes pour annoncer la suite.

1. Pour introduire un récit, il faut répondre aux questions suivantes :
- *Où ?* (précision du lieu)
- *Quand ?* (précision de l'époque, de la date)
- *Qui ?* (personnages)
- *Quoi ?* (actions, événements antérieurs)

La tonalité*, l'atmosphère sont ainsi bien caractérisées.

EXERCICES 1 À 5

2. Pour introduire une personne auprès d'une autre ou **se présenter soi-même** (dans une lettre, au téléphone, lors d'une présentation en public…), il faut :
- préciser son identité (nom, activité…),
- donner ses caractéristiques,
- exposer clairement les raisons de son intervention.

EXERCICES 6 ET 7

3. Pour introduire un sujet de réflexion, il faut suivre le schéma suivant :
- partir d'une idée, d'une constatation qui sert d'ouverture, qui amène le sujet,
- formuler la problématique, la question posée, le vif du sujet,
- annoncer les différentes parties du devoir, les thèses*.

EXERCICES 8 À 11

S'EXERCER ET RÉDIGER

1 Introduire un récit

EXERCICE 1

Préciser l'époque et le lieu.

TEXTE 1. L'entrümpelung

Dans la métropole de l'Enfer aussi, il existe des jours de fête pendant lesquels l'homme se réjouit. Mais comment ? Une de ces fêtes les plus importantes tombe vers la mi-mai et s'appelle *Entrümpelung*, coutume qui est peut-être d'origine germanique et dont le nom signifie déblayage, nettoyage en grand. Chaque maison, le 15 mai, se débarrasse de ses vieilleries en les déposant ou en les lançant par les fenêtres sur les trottoirs. La population de la fosse de l'Enfer se défait des choses cassées, usées, inutilisables, antipathiques, ennuyeuses. C'est la fête de la jeunesse, du renouveau, de l'espérance, ah !

DINO BUZZATI, *Le K.* , « L'Entrümpelung » (1966), éd. Pocket.

TEXTE 2. Hiver

Le froid se manifeste dans le monde sous mille formes et de mille façons : il court sur la mer comme une troupe de chevaux, s'abat sur les campagnes comme une nuée de criquets. En ville, c'est une lame de couteau qui fend les rues et se glisse dans les interstices des maisons sans chauffage. Ce soir-là, chez Marcovaldo, on avait brûlé les dernières brindilles, et toute la famille, enveloppée de manteaux, regardait les braises s'éteindre dans le poêle et la buée qui s'échappait des bouches au souffle de chacun. Ils se taisaient ; la buée parlait pour eux.

ITALO CALVINO, *Marcovaldo* (1958-1966), éd. Julliard.

1. Dans ces débuts de récit*, repérez les mots qui précisent l'époque et le lieu. Quelle tonalité* donnent-ils ?

2. Quel type d'événements chacune de ces introductions laisse-t-elle présager ?

3. Écriture. Voici les éléments d'un récit :
un parent et son enfant ;
un acte de désobéissance ;
une conséquence fâcheuse ;
un événement qui rétablit la situation.
Rédigez deux paragraphes d'introduction *(10 lignes chacun)* qui situeront ce récit dans deux époques et deux lieux différents : dans le premier, le temps et le lieu seront réalistes* ; dans le second, ils seront au contraire fantastiques* ou fantaisistes.

EXERCICE 2

Créer la toile de fond, le contexte du récit.

Une surprise-party

Comme il voulait faire les choses correctement, le Major décida que ses aventures commenceraient cette fois à la minute précise où il rencontrerait Zizanie.

Il faisait un temps splendide. Le jardin se hérissait de fleurs fraîchement écloses, dont les coquilles formaient, sur les allées, un tapis craquant aux pieds. Un gigantesque *gratte-menu des tropiques* couvrait de son ombre épaisse l'angle formé par la rencontre des murs sud et nord du parc somptueux qui entourait la demeure — l'une des multiples demeures — du Major. C'est dans cette atmosphère intime, au chant du coucou séculier, que, le matin même, Antioche Tambretambre, le bras droit du Major, avait installé le banc de bois d'arbouse de vache peint en vert que l'on utilisait en ces sortes d'occasions. De quelle occasion s'agissait-il ? Voilà le temps de le dire. On était au mois de février en pleine canicule et le Major allait avoir vingt et un ans. Alors, il donnait une surprise-party dans sa maison de ville d'Avrille.

BORIS VIAN, *Vercoquin et le plancton* (1946), éd. Gallimard.

1. Repérez les mots qui, dans cette introduction, donnent au récit* une toile de fond, une *atmosphère* particulières. Par quel adjectif l'auteur la caractérise-t-il ?

2. Relevez des éléments à la fois cocasses et curieux. Quelle tonalité* pensez-vous que prendra le récit ?

3. Écriture. Racontez ce qui s'est passé à la *surprise-party*, en tenant compte des précisions fournies dans l'introduction et en respectant sa tonalité.

Exercice 3

Introduire un personnage.

Guiguitte et Poulet

Lui, il criait les journaux, le soir. Les camelots l'appelaient Jacques et les sergents de ville le Poulet. Jacques devait être son véritable nom, car il ne répondait guère aux sergents de ville. Son âge ? Il ne le savait point, n'ayant pas eu de parents. Il avait moins de vingt ans, et un an de plus chaque année. Peut-être aurait-il pu apprendre le jour de sa naissance à la Préfecture de Police. Mais il aurait fallu déranger le préfet. Or Jacques savait qu'il a fort à faire, et d'ailleurs il détestait les visites.

Elle, elle vendait des fleurs au coin de la rue Montmartre où, d'un commun accord, on l'avait baptisée Mistinguette. Les marchandes des quatre-saisons disaient sans façon Guiguitte ; les garçons de café, plus cérémonieux, l'appelaient Miss. Ce *Miss* britannique lui plaisait. Et elle avait en fait ces yeux bleu norvège, ces joues rose saxe, ces cheveux blond vénitien, tout cet ensemble, en un mot, que l'on nomme chez les femmes l'air anglais.

Jean Giraudoux, *Les Contes d'un matin* (1910), éd. Gallimard.

1. Repérez ce qui indique l'identité des personnages : nom, âge, physique.

2. Repérez ce qui précise leur caractère. Choisissez, dans la liste suivante, les adjectifs qui vous semblent les caractériser :
ordinaire, inquiétant, pittoresque, sympathique, amusant.

3. D'après les éléments fournis dans cette introduction, la tonalité* du récit qui mettra en scène ces deux personnages sera-t-elle : *fantastique*, comique, merveilleuse*, tragique, humoristique ?*

4. Écriture. Imaginez la suite du texte où Guiguitte et Poulet se rencontreront.

Exercice 4

Fournir les données indispensables.

Une Opel grenouille

Pendant le festival d'Avignon, à l'heure où le spectacle va commencer aux Cordeliers, pendant Télé-Soir, un message personnel est transmis, priant M. Hector Pellegrini, 47 ans, voyageant sur une Opel verte, immatriculée j'ai oublié, de revenir d'urgence à son domicile du Petit-Musc, Paris 4e. Le message est répété en fin d'émission. Un jeune homme qui s'exerce à retenir les choses les plus absurdes pour se préparer aux jeux radiophoniques remarque cette répétition, et tout d'un coup se souvient d'avoir vu ce numéro écrit sur la plaque d'une voiture effectivement verte, garée dans l'avenue, sur le terre-plein, non loin du théâtre. Quittant le bar où il écoutait les nouvelles, il se précipite, constate qu'il ne s'est point trompé, que l'Opel grenouille est bien au pied d'un platane, en conclut que M. Hector Pellegrini doit se trouver au théâtre, obtient non sans peine qu'à l'entracte le message entendu soit répercuté avec un haut-parleur, et constate qu'un spectateur se précipite vers la sortie, dans la direction de l'Opel verte et met son moteur en marche.

Comme le jeune homme s'approche et informe l'automobiliste du rôle qu'il vient de jouer, comptant sur une récompense, l'autre démarre brutalement, et bondissant de telle façon que le serviable informateur n'a qu'à se jeter de côté […].

Nous retrouvons M. Pellegrini sur la route en train de chiffrer[1] sur ce qui a bien pu se passer rue du Petit-Musc [....................].

Louis Aragon, *Le mentir-vrai*, « Tuer n'est pas jouer » (1980), éd. Gallimard.

1. *(Argot)* Réfléchir, calculer.

1. Dans ce début de nouvelle, relevez les détails qui précisent : les lieux, les heures et les dates, les objets indispensables à l'action, les événements qui précèdent l'action proprement dite.

2. Relevez les expressions qui introduisent et caractérisent les personnages.

3. Écriture. Composez l'introduction d'un récit* qui répondrait à la consigne suivante : *Vous raconterez un combat fantastique qui mettra aux prises un homme avec un être venu d'un autre monde.* Votre introduction *(10 lignes)* devra donner des précisions sur le lieu et la date, les personnages et les événements qui ont précédé le combat.

EXERCICE 5

Savoir ménager le suspense.

Une nouvelle extraordinaire

À M. de Coulanges

À Paris, ce lundi 15e décembre 1670.

Je m'en vais vous mander[1] la chose la plus étonnante, la plus surprenante, la plus merveilleuse, la plus miraculeuse, la plus triomphante, la plus étourdissante, la plus inouïe, la plus singulière, la plus extraordinaire, la plus incroyable, la plus imprévue, la plus grande, la plus petite, la plus rare, la plus commune, la plus éclatante, la plus secrète jusqu'aujourd'hui, la plus brillante, la plus digne d'envie : enfin une chose dont on ne trouve qu'un exemple dans les siècles passés, encore cet exemple n'est-il pas juste ; une chose que l'on ne peut pas croire à Paris (comment la pourrait-on croire à Lyon ?) ; une chose qui fait crier miséricorde à tout le monde […] ; une chose enfin qui se fera dimanche, où ceux qui la verront croiront avoir la berlue[2] ; une chose qui se fera dimanche, et qui ne sera peut-être pas faite lundi. Je ne puis me résoudre à la dire ; devinez-la ; je vous le donne en trois. Jetez-vous votre langue aux chiens ? Eh bien ! il faut vous la dire : [..................................]

MME DE SÉVIGNÉ, *Lettres* (1670).

1. Vous écrire.
2. Maladie des yeux.

1. Dans cette longue introduction de lettre, comment Mme de Sévigné tient-elle en suspens l'attention du lecteur ?

2. Quelle forme prend cette introduction dans les dernières lignes ?

3. Écriture. Composez l'introduction d'un récit* qui tiendra le lecteur en haleine, en dévoilant au minimum la suite.
Ex. : un exploit sportif…

2 Présenter quelqu'un

EXERCICE 6

Se présenter dans une lettre.

TEXTE 1. Le Déserteur

Monsieur le Président,
Je vous fais une lettre
Que vous lirez peut-être,
Si vous avez le temps.
Je viens de recevoir
Mes papiers militaires
Pour aller à la guerre
Avant mercredi soir.
Monsieur le Président,
Je ne veux pas la faire

BORIS VIAN, *Textes et chansons* (1955), éd. Christian Bourgois.

TEXTE 2. Le conscrit de la classe de 1875

Monsieur le Commandant
de recrutement à Marseille,

Je suis conscrit de la classe de 1875. J'ai tiré au sort à Charleville, dépt des Ardennes, j'ai été exempté du service militaire, ayant un frère aîné sous les drapeaux. En 1882, le 16 janvier, à l'époque de mes 28 jours d'instruction, je me trouvais en Arabie, employé comme négociant dans une maison française : j'ai fait ma déclaration de séjour à l'étranger, et ai envoyé un certificat constatant ma présence à Aden […].

Je prie monsieur le Commandant de recrutement de régulariser ma position quant au service militaire.

ARTHUR RIMBAUD, *Correspondance* (1891).

1. Repérez les formules d'ouverture. À quel destinataire* chacun des expéditeurs s'adresse-t-il ?

2. Relevez les expressions qui précisent l'identité de l'expéditeur et celles qui expliquent les raisons de son intervention.

3. Écriture. Sélectionnez un élément dans chacune des listes suivantes et rédigez trois débuts de lettre qui comporteront les mentions de lieu et de date, une formule d'ouverture, votre identité et la raison de votre intervention. Variez votre style.

a) Expéditeur : *un violoniste ; un client ; un élève de 4ᵉ ; un membre d'un club sportif ; un demandeur d'emploi ; un médecin ; un(e) journaliste ; un policier.*

b) Destinataire : *Cher Monsieur ; Chers amis ; Salut ! ; Son Excellence ; Cher Maître ; Madame ; Monsieur le Directeur ; Cher collègue.*

Exercice 7

Se présenter à un public.

Le Singe et le Léopard

Le Singe avec le Léopard
Gagnaient de l'argent à la foire :
Ils affichaient chacun à part. [...]
Le Singe de sa part disait : « Venez de grâce,
Venez, Messieurs. Je fais cent tours de passe-passe.
Cette diversité dont on vous parle tant,
Mon voisin Léopard l'a sur soi seulement ;
Moi, je l'ai dans l'esprit : votre serviteur Gille[1],
Cousin et gendre de Bertrand,
Singe du Pape en son vivant,
Tout fraîchement en cette ville
Arrive en trois bateaux exprès pour vous parler ;
Car il parle, on l'entend ; il sait danser, baller[2],
Faire des tours de toute sorte,
Passer en des cerceaux ; et le tout pour six blancs[3] !
Non, Messieurs, pour un sou ; si vous n'êtes contents,
Nous rendrons à chacun son argent à la porte. »

Jean de La Fontaine, *Fables*, IX, 3 (1679).

1. Nom du Singe.
2. Participer à un ballet.
3. Monnaie de peu de valeur.

1. Relevez les expressions que le personnage utilise pour se présenter (nom, généalogie...). Quel portrait fait-il de lui-même ?

2. Sur quel ton s'adresse-t-il à son public ?

3. Quels moyens le Singe utilise-t-il pour présenter son spectacle, attirer le public ?

4. Écriture. Candidat à l'élection du délégué de votre classe, vous vous présentez devant vos camarades pour la campagne « électorale » ; composez l'introduction de votre intervention orale *(10 lignes)*, dans laquelle vous donnerez votre identité et fournirez les raisons de votre candidature.

3 Introduire une argumentation

Exercice 8

Ordonner les éléments d'une introduction.

Sujet de réflexion

Le sport vous paraît-il utile, voire indispensable, dans notre monde moderne ?

Remettez les phrases suivantes dans un ordre logique, pour composer une introduction qui répondrait au sujet proposé.

a) *Or, avec le retour des Jeux Olympiques, elle a resurgi dans notre monde moderne, qui connaît « footing, jogging, body-building » quotidiens.*

b) *La pratique sportive ne procure-t-elle pas plaisirs et satisfaction ? Bien plus, ne constitue-t-elle pas une école de vie ? Enfin, même si on ne le pratique pas, le sport ne présente-t-il pas des aspects positifs, esthétiques et psychologiques ?*

c) *Mais cet engouement correspond sans doute moins à une mode qu'à un goût plus profond de l'être humain, à un besoin vital pour le corps et pour l'esprit.*

d) *Dans la Grèce antique, le culte du sport était lié à la guerre et à la conviction que le corps et l'esprit étaient dépendants : « Un esprit sain dans un corps sain ». Cette idée avait peu à peu été perdue de vue, au profit des seules qualités intellectuelles.*

Exercice 9

Choisir une idée d'ouverture.

Sujet de réflexion

Quel cadre de vie préférez-vous, les grandes villes ou la campagne ?

Écriture. Choisissez, dans la liste suivante, une ou deux idées. Documentez-vous sur le thème et le domaine qu'elles abordent. Puis rédigez l'ouverture *(5 lignes)* d'une introduction sur le sujet proposé.

a) Constat historique : *Après la révolution industrielle, phénomène récent de l'exode rural (les campagnes se vident au profit de grands centres urbains).*

b) Constat géographique : *Dans certains pays industrialisés, apparition des « conurbations », suites ininterrompues de villes qui ne laissent aucune place à la campagne (Lille-Roubaix-Tourcoing, côte Est des États-Unis, région de la Ruhr...).*

c) Constat socio-économique : *Embouteillages de fin de semaine autour des grandes agglomérations ; vacances des citadins à la mer, à la montagne, à la campagne.*
Mode des résidences secondaires.

d) Constat politique : *Naissance d'un parti politique dans les pays industrialisés, les « verts » ou écologistes.*

e) Constat littéraire : *Problème déjà posé, au XVII*[e] *siècle, par La Fontaine dans sa fable « Le Rat des Villes et le Rat des Champs ».*

Exercice 10

Formuler la problématique.

Sujet de réflexion

Vivre aujourd'hui : une chance ou une malchance ?

1. Dans les reformulations proposées ci-dessous, repérez :
— les synonymes* et antonymes* de l'expression *aujourd'hui*,
— le champ lexical* de la *chance* et de la *malchance*,
— les formes verbales utilisées (temps, mode, personne...),
— les problèmes soulevés, la forme de la réponse attendue.

a) *On peut se demander si le monde moderne nous offre des conditions de vie plus agréables qu'autrefois.*
b) *Ai-je de la chance d'être né(e) au XX*[e] *siècle et de profiter du progrès ?*
c) *Qu'est-ce qui est mieux : vivre à l'heure actuelle ou à une autre époque ?*
d) *Le monde moderne, avec le progrès, mais aussi ses fléaux, présente-t-il plus d'avantages ou d'inconvénients ?*
e) *Aurais-je aimé vivre dans le passé ?*
f) *En quoi consiste le progrès ?*
g) *Pourquoi imaginer la vie d'antan ?*
h) *Sans doute sommes-nous privilégiés de vivre dans un siècle de progrès ; mais n'avons-nous que des sujets de satisfactions dans le monde moderne ?*
i) *Où va notre monde ?*
j) *Si nous avions eu le choix, quand aurions-nous aimé vivre ?*

2. Quelles phrases vous semblent reprendre le sujet de façon précise ? Lesquelles pourraient annoncer la problématique, la question posée dans l'introduction du devoir ? Justifiez vos réponses.

Exercice 11

Annoncer sa démarche, son plan.

Sujet de réflexion

La nuit est souvent, dans les œuvres littéraires et cinématographiques, associée à la peur, à l'étrange, au mystère. Vous vous demanderez pourquoi. Vous vous demanderez aussi s'il existe une autre image de la nuit. *(Brevet des collèges)*

Écriture. À partir du plan proposé ci-dessous, rédigez la fin de l'introduction *(5 lignes)* où vous annoncerez les parties du développement, sans oublier le connecteur* logique qui les unit *(mais, ou, et, donc, car...)*.

I- La nuit effrayante : raisons pour lesquelles elle inspire la peur, l'inquiétude ; elle est liée à l'inconnu.
II- La nuit confidente, complice et romantique : ses aspects attirants et positifs.

CHAPITRE 5

Étudier les champs lexicaux

LIRE ET OBSERVER

Souvenirs de Waterloo

VICTOR HUGO, *Les Misérables*, II, I, 16 (1862).

Le champ de Waterloo aujourd'hui a le calme qui appartient à la terre, support impassible de l'homme, et il ressemble à toutes les plaines.

La nuit pourtant une espèce de brume visionnaire s'en dégage, et si quelque voyageur s'y promène, s'il regarde, s'il écoute, [...] l'hallucination de la catastrophe le saisit. L'effrayant 18 juin revit ; [...] le champ de bataille reprend sa réalité ; des lignes d'infanterie ondulent dans la plaine, des galops furieux traversent l'horizon ! le songeur effaré voit l'éclair des sabres, l'étincelle des baïonnettes, le flamboiement des bombes, l'entrecroisement monstrueux des tonnerres ; il entend, comme un râle au fond d'une tombe, la clameur vague de la bataille fantôme ; ces ombres, ce sont les grenadiers ; ces lueurs, ce sont les cuirassiers ; ce squelette, c'est Napoléon ; ce squelette, c'est Wellington ; tout cela n'est plus et se heurte et combat encore ; et les ravins s'empourprent, et les arbres frissonnent, et il y a de la furie jusque dans les nuées, et, dans les ténèbres, toutes ces hauteurs farouches, Mont-Saint-Jean, Hougomont, Frischemont, Papelotte, Plancenoit, apparaissent confusément couronnées de tourbillons de spectres s'exterminant.

Champ lexical de l'**irréel**.
Champ lexical de la **mort**.
Champ lexical de la **lumière**.
Champ lexical du **bruit**.
Champ lexical du **mouvement**.

Repérer

Dans *Les Misérables*, Victor Hugo évoque la plaine de Waterloo, lieu mythique où la Grande Armée de Napoléon a subi, le 18 juin 1815, une mémorable défaite. Par la magie du souvenir et grâce au don de visionnaire du poète, la plaine désormais déserte retrouve l'aspect qu'elle avait autrefois.
Plusieurs **champs lexicaux** signalés dans le texte s'entrecroisent pour peindre ce tableau fantastique : d'une part, les champs lexicaux de l'irréel et de la mort ; d'autre part, les champs lexicaux qui évoquent des sensations (lumière, bruit, mouvement).

Analyser et rédiger

● Le champ lexical de l'**irréel** est très présent dans ce texte. Le promeneur est appelé « songeur » (l. 8), ce qui souligne le caractère fantasmagorique du tableau. L'auteur parle d'ailleurs d'une « brume visionnaire » (l. 4) et même d'une « hallucination » (l. 5) pour signaler qu'il ne s'agit pas d'une description réaliste, mais de la transcription d'un cauchemar marqué par le champ lexical de la **mort**. Les termes « fantôme » (l. 12), « ombres » (l. 12), « squelette » (l. 13), « spectres » (l. 18), enlèvent aux combattants toute réalité. L'adjectif « vague » (l. 11) et l'adverbe « confusément » (l. 18) noient encore les contours du tableau dans une sorte de flou des sensations, propre au rêve.

● Pourtant, l'évocation de la plaine prend une grande consistance grâce à la présence des champs lexicaux de la **lumière** et du **bruit** : « l'éclair » (l. 9), « l'étincelle » (l. 9), « le flamboiement » (l. 9), des « lueurs » (l. 12) « empourprent » les « ténèbres » des couleurs du sang et du feu. Le « râle » (l. 11) emplit l'espace de voix d'outre-tombe auxquelles répondent les « tonnerres » (l. 10) et la « clameur » (l. 11). Le champ lexical du **mouvement** anime enfin la scène d'actions violentes et désordonnées qui font croire à un brusque retour au temps des hostilités.

L'étude des champs lexicaux a donc mis rapidement en évidence les deux principaux aspects de ce texte : l'évocation d'un souvenir appartenant à l'histoire collective, auquel les notations de lumière, de bruit et de mouvement communiquent une violente impression de réalité.

RETENIR

1. Étudier un champ lexical*, c'est relever tous les mots d'un texte se référant à un même domaine.

➤ *Champ lexical de la lumière : éclair, étincelle, flamboiement, s'empourprer…*

Ce relevé permet de **repérer le thème principal** d'un texte.

Il est recommandé de **travailler avec un dictionnaire** pour vérifier le sens exact de chaque mot. EXERCICES 1 À 3

2. L'analyse du texte conduit souvent à repérer plusieurs champs lexicaux dont il convient alors d'interpréter la présence pour **caractériser une action, un lieu, un personnage.** EXERCICES 4 À 6

3. Explorer un champ lexical doit constituer un travail préalable à tout exercice d'écriture. Il s'agit alors de **préparer une banque de mots** en relation avec le thème sur lequel on est invité à écrire. EXERCICES 7 À 9

S'EXERCER ET RÉDIGER

1 Découvrir le thème principal d'un texte

EXERCICE 1

Repérer les champs lexicaux dominants.

La dernière bataille

La réserve prussienne paraît vers Saint-Lambert à six heures du soir : une nouvelle et furieuse attaque est donnée au village de la Haie-Sainte ; Blücher[1] survient avec des troupes fraîches et isole du reste de nos troupes déjà rompues les carrés de la garde impériale. Autour de cette phalange[2] immobile, le débordement des fuyards entraîne tout parmi des flots de poussière, de fumée ardente et de mitraille, dans des ténèbres sillonnées de fusées à la Congrève[3], au milieu des rugissements de trois cents pièces d'artillerie et du galop précipité de vingt-cinq mille chevaux : c'était comme le sommaire de toutes les batailles de l'Empire. Deux fois les Français ont crié : Victoire ! deux fois leurs cris sont étouffés sous la pression des colonnes ennemies. Le feu de nos lignes s'éteint ; les cartouches sont épuisées ; quelques grenadiers blessés, au milieu de trente mille morts, de cent mille boulets sanglants, refroidis et conglobés[4] à leurs pieds, restent debout appuyés sur leur mousquet, baïonnette brisée, canon sans charge. Non loin d'eux l'homme des batailles écoutait, l'œil fixe, le dernier coup de canon qu'il devait entendre de sa vie.

FRANÇOIS-RENÉ DE CHATEAUBRIAND, *Mémoires d'outre-tombe*, XXIII, 17 (1848).

1. Général prussien.
2. Troupe.
3. Fusées très meurtrières.
4. Agglomérés.

1. En vous appuyant sur des indices du texte, datez cette bataille.

2. Relevez les expressions précisant les forces en présence. Qui est *l'homme des batailles* (l. 25) ?

3. Dans quel camp se situe le narrateur* ? Quel indice vous permet de répondre ?

4. Relevez trois champs lexicaux* dominants.

EXERCICE 2

Distinguer plusieurs champs lexicaux.

Un dialogue difficile

Je me taisais énormément. Même avec mon père, je renonçai à discuter ; je n'avais pas la moindre chance d'influencer ses opinions, mes arguments s'écrasaient contre un mur : une fois pour toutes, et aussi radicalement que ma mère, il m'avait donné tort : il ne cherchait même plus à me convaincre, mais seulement à me prendre en faute. Les conversations les plus innocentes recelaient des pièges ; mes parents traduisaient mes propos dans leur idiome[1] et m'imputaient des idées qui n'avaient rien de commun avec les miennes. […]

Je préférais garder le silence. Seulement mes parents ne s'en accommodaient pas, ils me traitaient d'ingrate. J'avais le cœur beaucoup moins sec que mon père ne le croyait et me désolais ; le soir dans mon lit je pleurais ; il m'arriva même d'éclater en sanglots sous leurs yeux ; ils s'en offusquèrent et me reprochèrent de plus belle mon ingratitude. J'envisageai une parade : faire des réponses apaisantes, mentir ; je m'y résignai mal : il me semblait me trahir moi-même. Je décidai de « dire la vérité, mais brutalement, sans commentaires » : ainsi éviterais-je à la fois de travestir ma pensée et de la livrer. Ce n'était guère adroit, car je scandalisais mes parents sans calmer leur curiosité. En fait, il n'existait pas de solution, j'étais coincée ; mes parents ne pouvaient supporter ni ce que j'avais à leur dire, ni mon mutisme ; quand je me risquais à leur en donner, mes explications les atterraient.

SIMONE DE BEAUVOIR, *Mémoires d'une jeune fille rangée* (1958), éd. Gallimard.

1. Langage.

1. *a)* Relevez dans le texte le champ lexical* de la communication.
b) **Écriture.** Après avoir noté l'importance de ce champ lexical, résumez en une phrase le thème principal du texte.

2. Le champ lexical de la pensée et du jugement est également représenté.
a) Relevez les termes qui le constituent.
b) **Écriture.** À la lumière de ce relevé, expliquez quelles relations entretiennent les parents et leur fille.

3. La jeune fille *avait le cœur beaucoup moins sec que [son] père ne le croyait* (l. 16-17).
a) Relevez le champ lexical de l'affectivité, des sentiments, qui confirme ce trait de caractère.
b) **Écriture.** À partir des termes relevés, décrivez la personnalité de la jeune fille.

Exercice 3

Enrichir un champ lexical.

Les moissonneurs

Si alors, suspendant un instant ma marche, je levais le regard sur les moissonneurs, la longue file des moissonneurs, j'étais frappé, délicieusement frappé, délicieusement ravi par la douceur, l'immense, l'infinie douceur de leurs yeux [...].

Que regardaient à vrai dire ces yeux ? Je ne sais pas. Les alentours ? Peut-être ! Peut-être les arbres au loin, le ciel très loin. Et peut-être non ! Peut-être ces yeux ne regardaient-ils rien ; peut-être était-ce de ne rien regarder de visible, qui les rendait si lointains et comme absents. La longue file moissonneuse s'enfonçait dans le champ, abattait le champ ; n'était-ce pas assez ? N'était-ce pas assez de cet effort et de ces torses noirs devant lesquels les épis s'inclinaient ? Ils chantaient, nos hommes, ils moissonnaient ; ils chantaient en chœur, ils moissonnaient ensemble : leurs voix s'accordaient, leurs gestes s'accordaient ; ils étaient ensemble ! — unis dans un même travail, unis par un même chant. La même âme les reliait, les liait ; chacun et tous goûtaient le plaisir, l'identique plaisir d'accomplir une tâche commune.

Était-ce ce plaisir-là, ce plaisir-là bien plus que le combat contre la fatigue, contre la chaleur, qui les animait, qui les faisait se répandre en chants ? C'était visiblement ce plaisir-là ; et c'était le même aussi qui mettait dans leurs yeux tant de douceur, toute cette douceur dont je demeurais frappé, délicieusement et un peu douloureusement frappé, car j'étais près d'eux, j'étais avec eux, j'étais dans cette grande douceur, et je n'étais pas entièrement avec eux ; je n'étais qu'un écolier en visite — et comme je l'eusse volontiers oublié !

Camara Laye, *L'Enfant noir* (1953), éd. Plon.

1. Qu'est-ce qui fascine l'écolier lorsqu'il observe les moissonneurs ?
a) *leur force démesurée ?*
b) *la beauté de leur chant ?*
c) *la profondeur de leur regard ?*
d) *leur résistance à la fatigue ?*
e) *leur bonheur à travailler ensemble ?*

2. Relevez un champ lexical* très présent dans le texte qui confirme votre réponse à la question précédente.

3. Ce texte comporte de nombreuses répétitions. Relevez-les et dites quelle impression elles communiquent au lecteur.

4. Parmi les termes de la liste suivante :
alliance, adhésion, connivence, solidarité, compatibilité, communion, concertation, conformisme, accord, unanimité, convenance, communauté, entente, concorde
a) Relevez ceux qu'on pourrait utiliser pour décrire les liens qui unissent les moissonneurs.
b) Dites dans quel contexte vous pourriez utiliser les autres.
c) Nommez le champ lexical qu'ils constituent.

5. Écriture. Certains métiers (ou certaines situations) exigent une grande solidarité au sein d'une équipe *(personnel médical, sauveteurs...)*. Décrivez une de ces équipes au travail.
Avant de commencer à écrire, vous explorerez le champ lexical de la solidarité afin d'insister sur le plaisir que peut procurer cette participation à une tâche commune.

2 Interpréter un champ lexical

Exercice 4

Analyser des oppositions lexicales.

Un étrange gamin fée

Le spectacle était épouvantable et charmant. Gavroche, fusillé, taquinait la fusillade. Il avait l'air de s'amuser beaucoup. C'était le moineau becquetant les chasseurs. Il répondait à chaque décharge par un couplet. On le visait sans cesse, on le manquait toujours. Les gardes nationaux et les soldats riaient en l'ajustant. Il se couchait, puis se redressait, s'effaçait dans un coin de porte, puis bondissait, disparaissait, reparaissait, se sauvait, revenait, ripostait à la mitraille par des pieds de nez, et cependant pillait les cartouches, vidait les gibernes[1] et remplissait son panier. Les insurgés, haletants d'anxiété, le suivaient des yeux. La barricade tremblait ; lui, il chantait. Ce n'était pas un enfant, ce n'était pas un homme ; c'était un étrange gamin fée. [...] Les balles couraient après lui, il était plus leste qu'elles. Il jouait on ne sait quel effrayant jeu de cache-cache avec la mort.

VICTOR HUGO, *Les Misérables*, V, I, 15 (1862).

1. Boîtes à cartouches.

1. Victor Hugo raconte le combat des gardes nationaux contre les insurgés, autour des barricades à Paris, en 1832. Relevez le champ lexical* qui permet de décrire cet affrontement par les armes.

2. Relevez tous les mots (noms ou verbes) qui évoquent l'attitude de Gavroche face à ses ennemis. Classez-les en deux champs lexicaux que vous définirez. Quels aspects du personnage révèlent-ils ?

3. Quel effet l'auteur tire-t-il de l'opposition lexicale qu'il souligne entre les gardes nationaux et Gavroche ?
Montrez en quoi la première phrase du texte annonce cette opposition :
Le spectacle était épouvantable et charmant.

Exercice 5

Caractériser un personnage.

Le Curé et le Mort

Un Mort s'en allait tristement
S'emparer de son dernier gîte[1] ;
Un Curé s'en allait gaîment
Enterrer ce mort au plus vite.
Notre défunt était en carrosse porté,
Bien et dûment empaqueté,
Et vêtu d'une robe, hélas ! qu'on nomme bière,
Robe d'hiver, robe d'été,
Que les morts ne dépouillent guère.
Le Pasteur était à côté,
Et récitait, à l'ordinaire,
Maintes dévotes oraisons,
Et des psaumes et des leçons,
Et des versets, et des répons :
« Monsieur le Mort, laissez-nous faire,
On vous en donnera de toutes les façons ;
Il ne s'agit que du salaire. »
Messire Jean Chouart couvait des yeux [son Mort,
Comme si l'on eût dû lui ravir ce trésor,
Et des regards semblait lui dire :
« Monsieur le Mort, j'aurai de vous
Tant en argent, et tant en cire,
Et tant en autres menus coûts. »
Il fondait là-dessus l'achat d'une feuillette[2]
Du meilleur vin des environs ;
Certaine nièce assez proprette
Et sa chambrière Pâquette
Devaient avoir des cotillons[3],
Sur cette agréable pensée
Un heurt survient : adieu le char.
Voilà messire Jean Chouart
Qui du choc de son mort a la tête cassée :
Le paroissien en plomb entraîne son pasteur,
Notre Curé suit son seigneur ;
Tous deux s'en vont de compagnie.

Proprement toute notre vie
Est le curé Chouart, qui sur son mort [comptait,
Et la fable du Pot au lait[4].

JEAN DE LA FONTAINE, *Fables*, VII, 10 (1678).

1. Logis.
2. Unité de mesure ancienne.
3. Petite jupe en cotte.
4. Allusion à la fable « La Laitière et le Pot au lait ».

1. Quel événement le fabuliste évoque-t-il ?

2. Quels sont les deux personnages que la fable met en scène ?

3. Relevez cinq mots qui désignent les prières « récitées » par le curé. Puis, relevez le champ lexical* de l'argent. En quoi la présence successive de ces deux champs lexicaux renseigne-t-elle sur l'attitude du curé vis-à-vis de son paroissien ?

4. Ce relevé doit vous permettre de mieux cerner les intentions du fabuliste. Quelles sont-elles à votre avis ?
a) *S'insurger contre la rapidité des enterrements.*
b) *Dénoncer la cupidité de certains hommes d'Église.*
c) *Attirer l'attention du public sur l'état d'indigence dans lequel vit le clergé.*
d) *Faire prendre conscience du caractère subit de la mort.*

Exercice 6

Caractériser un lieu.

La pension Vauquer

Cette salle, entièrement boisée, fut jadis peinte en une couleur indistincte aujourd'hui, qui forme un fond sur lequel la crasse a imprimé ses couches de manière à y dessiner des figures bizarres. Elle est plaquée[1] de buffets gluants sur lesquels sont des carafes échancrées, ternies, des ronds de moiré métallique, des piles d'assiettes en porcelaine épaisse, à bords bleus, fabriquées à Tournai. Dans un angle est placée une boîte à cases numérotées qui sert à garder les serviettes, ou tachées ou vineuses, de chaque pensionnaire. Il s'y rencontre de ces meubles indestructibles, proscrits partout, mais placés là comme le sont les débris de la civilisation aux Incurables[2]. Vous y verriez un baromètre à capucin qui sort quand il pleut, des gravures exécrables qui ôtent l'appétit, toutes encadrées en bois noir verni à filets dorés, [...] une longue table couverte en toile cirée assez grasse pour qu'un facétieux externe[3] y écrive son nom en se servant de son doigt comme de style[4], des chaises estropiées, de petits paillassons piteux, [...] puis des chaufferettes misérables à trous cassés, à charnières défaites, dont le bois se carbonise. Pour expliquer combien ce mobilier est vieux, crevassé, pourri, tremblant, rongé, manchot, borgne, invalide, expirant, il faudrait en faire une description qui retarderait trop l'intérêt de cette histoire, et que les gens pressés ne pardonneraient pas.

Honoré de Balzac, *Le Père Goriot*, I (1835).

1. Garnie.
2. Hospices.
3. Personne qui prend ses repas, mais n'est pas logée.
4. Poinçon.

1. Caractérisez le lieu décrit par Balzac en identifiant et en relevant les deux champs lexicaux* dominants.

2. L'auteur utilise des énumérations. Relevez des exemples précis. En quoi ce procédé de style est-il bien adapté pour décrire la salle à manger de la pension ?

3. Comment apparaît, dans cette description*, l'opinion de Balzac sur la pension ?

4. Écriture. Imaginez les pensionnaires qui se retrouvent, chaque soir, à la pension. Dans ces courts portraits, réutilisez les champs lexicaux choisis par Balzac, ainsi que le procédé de l'énumération.

3 Rédiger en exploitant un champ lexical

Exercice 7

Explorer un champ lexical pour décrire un personnage.

Diphile

Diphile commence par un oiseau et finit par mille : sa maison n'en est pas égayée, mais empestée. La cour, la salle, l'escalier, le vestibule, les chambres, le cabinet, tout est volière ; ce n'est plus un ramage, c'est un vacarme : les vents d'automne et les eaux dans leurs plus grandes crues ne font pas un bruit si perçant et si aigu ; on ne s'entend non plus parler les uns les autres que dans ces chambres où il faut attendre, pour faire le compliment d'entrée, que les petits chiens aient aboyé. Ce n'est plus pour Diphile un agréable amusement, c'est une affaire laborieuse et à laquelle à peine il peut suffire. Il passe les jours, ces jours qui échappent et qui ne reviennent plus, à verser du grain et à nettoyer des ordures. Il donne pension à un homme qui n'a point d'autre ministère[1] que de siffler[2] des serins au flageolet et de faire couver des canaris. Il est vrai que ce qu'il dépense d'un côté, il l'épargne de l'autre, car ses enfants sont sans maîtres et sans éducation. Il se renferme le soir, fatigué de son propre plaisir, sans pouvoir jouir du moindre repos que[3] ses oiseaux ne reposent, et que ce petit peuple, qu'il n'aime que parce qu'il chante, ne cesse de chanter. Il retrouve ses oiseaux dans son sommeil : lui-même il est oiseau, il est huppé, il gazouille, il perche ; il rêve la nuit qu'il mue ou qu'il couve.

Jean de La Bruyère, *Caractères*, XIII, 2 (1688).

1. Fonction.
2. Apprendre à siffler à un oiseau.
3. *(Anciennement)* Avant que.

1. À quoi Diphile consacre-t-il sa vie ?

2. Relevez le champ lexical* de l'oiseau en montrant que l'auteur l'utilise d'abord pour décrire les volatiles et qu'il l'applique ensuite à leur propriétaire. Quel effet tire-t-il de cette transposition ?

3. Quelle est l'intention de La Bruyère ?
a) *Souligner la difficulté d'élever des oiseaux.*
b) *Dénoncer les nuisances de cet élevage.*
c) *Prouver les économies que permet une telle entreprise.*
d) *Dénoncer les absurdités occasionnées par une passion excessive pour les oiseaux.*

4. Écriture. Composez le portrait caricatural* d'un personnage dévoré par une passion. Afin de découvrir celle qui hante votre personnage, mettez de l'ordre dans les listes suivantes. Les deux champs lexicaux que vous y découvrirez vous révéleront deux centres d'intérêt : vous choisirez l'un d'eux pour déterminer le métier de votre personnage.
– adjectifs : *postérieur, parallèle, symétrique, ancestral, récent, tangent, cylindrique, archéologique, vétuste, séculaire, convexe, entier.*
– noms : *ère, aire, circonférence, hypothèse, chronologie, vestige, anachronisme, calcul, sphère, millénaire, centième.*
– verbes : *persister, mesurer, calculer, succéder, précéder, résoudre.*

Exercice 8

Enrichir une analyse en explorant un champ lexical.

Journal d'adolescente

Ma vie, jusqu'au nouvel an 1944, je la vois au travers d'une loupe impitoyable. D'abord notre maison rayonnante de soleil, ensuite ici, depuis 1942, le brusque changement, les querelles, les réprimandes, etc. J'étais prise au dépourvu, comme si j'avais reçu un coup de massue, et, pour me donner une contenance, je suis devenue insolente.

La première partie de 1943 : crises de larmes, solitude infinie, lente compréhension de tous mes défauts qui, graves déjà, semblaient s'aggraver encore doublement. Pendant la journée, je parlais à tort et à travers, essayant de mettre Pim[1] de mon côté. Je n'y ai pas réussi. J'étais seule, devant la tâche difficile de me changer de façon à ne plus provoquer de reproches ; car les reproches me déprimaient et me mettaient au désespoir.

La deuxième partie de l'année, ça allait un peu mieux ; je suis devenue jeune fille et les grands ont commencé à me considérer plutôt comme l'un des leurs. Je me suis mise à réfléchir, à écrire des contes. Enfin, j'ai compris que les autres n'avaient plus le droit de se servir de moi comme d'une balle de tennis, m'envoyant à droite et à gauche. J'ai décidé de me changer et de me former selon ma propre volonté. Mais la chose qui m'a touchée le plus, c'est quand j'ai dû m'avouer que même Père ne serait jamais mon confident. Je ne pouvais plus avoir confiance en personne, sauf en moi-même.

Anne Frank, *Journal d'Anne Frank*, (1950), éd. Calmann-Lévy.

1. Anne semble mal supporter les contraintes que ses parents lui imposent. Relevez des expressions qui le prouvent. Quel sentiment éprouve-t-elle ?

2. Classez les mots suivants en deux séries selon qu'ils expriment une relation de dépendance ou une volonté de se libérer. Vérifiez leur sens dans un dictionnaire.
s'affranchir, s'émanciper, être subordonné, être entravé, se délivrer, être autonome, être contraint, se soumettre.

3. Écriture. En utilisant le champ lexical* de la liberté et celui de la dépendance, rédigez un bref paragraphe *(15 lignes)* pour expliquer en quoi les relations d'Anne et de ses parents ont évolué au cours de l'année 1943.

4. Écriture. Avez-vous déjà éprouvé le désir d'être plus autonome ? Racontez dans quelles circonstances et analysez ce sentiment nouveau pour vous, en explorant le champ lexical de l'autonomie *(15 lignes)*.

EXERCICE 9

Transposer un texte en exploitant un autre champ lexical.

Une apparition

Ce fut comme une apparition :

Elle était assise, au milieu du banc, toute seule ; ou du moins il ne distingua personne, dans l'éblouissement que lui envoyèrent ses yeux. En même temps qu'il passait, elle leva la tête ; il fléchit involontairement les épaules ; et, quand il se fut mis plus loin, du même côté, il la regarda.

Elle avait un large chapeau de paille, avec des rubans roses qui palpitaient au vent, derrière elle. Ses bandeaux noirs, contournant la pointe de ses grands sourcils, descendaient très bas et semblaient presser amoureusement l'ovale de sa figure. Sa robe de mousseline claire, tachetée de petits pois, se répandait à plis nombreux. Elle était en train de broder quelque chose ; et son nez droit, son menton, toute sa personne se découpait sur le fond de l'air bleu.

Comme elle gardait la même attitude, il fit plusieurs tours de droite et de gauche pour dissimuler sa manœuvre ; puis il se planta tout près de son ombrelle, posée contre le banc, et il affectait d'observer une chaloupe sur la rivière.

Jamais il n'avait vu cette splendeur de sa peau brune, la séduction de sa taille, ni cette finesse des doigts que la lumière traversait. Il considérait son panier à ouvrage avec ébahissement, comme une chose extraordinaire. Quels étaient son nom, sa demeure, sa vie, son passé ? Il souhaitait connaître les meubles de sa chambre, toutes les robes qu'elle avait portées, les gens qu'elle fréquentait ; et le désir de la possession physique même disparaissait sous une envie plus profonde, dans une curiosité douloureuse qui n'avait pas de limites.

Gustave Flaubert,
L'Éducation sentimentale, I, 1 (1869).

1. Qui observe la jeune femme ? Relevez les verbes qui appartiennent au champ lexical* de la vue.

2. Parmi les mots de la liste ci-dessous, quels sont ceux qui pourraient décrire les sentiments du personnage qui observe ?
fascination, estime, confiance, affection, adoration, passion, vénération, sympathie, joie, sérénité.

3. Relevez toutes les expressions du texte qui trahissent le caractère subjectif* du regard du jeune homme.

4. Écriture. Rédigez un bref paragraphe *(10 lignes)* dans lequel vous expliquerez quels sont les sentiments que nourrit le jeune homme.

5. Écriture. Récrivez le texte en supposant cette fois que c'est un détective qui observe la jeune femme et qui la soupçonne d'être impliquée dans l'affaire qu'il est en train d'essayer de dénouer. Avant d'écrire, enrichissez le champ lexical que vous allez utiliser pour transposer le texte.
suspecter, conclure, élucider, suspicieux, soupçon, alibi, hypothèse…
Vous vous efforcerez de reprendre les éléments descriptifs choisis par Flaubert, sans pourtant vous interdire d'en introduire de nouveaux.

CHAPITRE 6

Étudier et utiliser les temps et les modes

LIRE ET OBSERVER

La condamnation de Wang-Fô

MARGUERITE YOURCENAR, *Comment Wang-Fô fut sauvé* (1979), in *Nouvelles orientales*, éd. Gallimard.

L'empereur de Han s'adresse au peintre Wang-Fô.

– Mon père avait rassemblé une collection de tes peintures au fond de son palais, et c'est dans ces grandes salles que j'ai été élevé, vieux Wang-Fô, car on ne me permettait pas de sortir, de peur que la vue de malheureux ne me troublât l'esprit ou ne m'agitât le cœur. […] Le jour, assis sur un tapis dont je savais par cœur les dessins, reposant mes mains sur mes genoux de soie jaune, je me représentais le monde, le pays de Han […]. Et, pour m'aider à me représenter toutes ces choses, je me servais de tes peintures. À seize ans, j'ai vu se rouvrir les portes qui me séparaient du monde ; je suis monté sur la terrasse du palais pour regarder les nuages, mais ils étaient moins beaux que ceux de tes crépuscules. J'ai commandé une litière[1] ; secoué sur des routes dont je ne prévoyais ni la boue ni les pierres, j'ai parcouru les provinces de l'Empire sans trouver tes jardins pleins de femmes semblables à des fleurs et tes forêts remplies d'antilopes et d'oiseaux. […] Tu m'as menti, Wang-Fô, vieil imposteur[2] : le royaume de Han n'est pas le plus beau des royaumes et je ne suis pas l'Empereur. […] Toi seul règnes en paix sur des plaines couvertes d'une neige qui ne peut fondre et sur des champs de fleurs qui ne peuvent pas mourir. Et c'est pourquoi, Wang-Fô, j'ai cherché quel supplice te serait réservé, à toi dont les peintures m'ont dégoûté de ce que je possède, et donné envie de ce que je ne posséderai pas. […] J'ai décidé qu'on te brûlerait les yeux, puisque tes yeux sont les deux portes magiques qui t'ouvrent ton royaume. Et puisque tes mains sont les deux routes aux dix embranchements qui mènent au cœur de ton empire, j'ai décidé qu'on te couperait les mains. M'as-tu compris, vieux Wang-Fô ?

En entendant cette sentence, le disciple Ling arracha de sa ceinture un couteau ébréché et se précipita sur l'Empereur. Deux gardes le saisirent. Le fils du Ciel sourit et ajouta dans un soupir :

– Et je te hais aussi, vieux Wang-Fô, parce que tu as su te faire aimer. Tuez ce gueux. ■

1. Sorte de lit ambulant.
2. Homme qui trompe par des mensonges.

Repérer

Dans ce texte, une grande variété de temps et de modes est représentée.

Les temps de l'indicatif

Les verbes au présent sont encadrés en rouge.
Les verbes au plus-que-parfait sont encadrés en noir.
Les verbes à l'imparfait sont sur fond rose.
Les verbes au passé simple sont sur fond rouge.
Les verbes au passé composé sont sur fond gris.
Les verbes au futur sont encadrés en pointillés rouges.

Les autres modes

Les verbes au conditionnel sont soulignés en rouge.
Les verbes au subjonctif sont soulignés en noir.
Les verbes à l'impératif sont soulignés en pointillés rouges.

Analyser et rédiger

● L'empereur raconte comment il a été abusé dans son enfance par les peintures de Wang-Fô. Il évoque à **l'imparfait** les consignes qui réglaient alors sa vie, ainsi que les habitudes de l'enfant solitaire (« Le jour, [...] je me représentais », l. 5-6). Ce temps est également utilisé pour décrire le paysage (« mais [les nuages] étaient moins beaux », l. 10). Les **passés composés** marquent une rupture dans ces habitudes, soulignée par les compléments de temps « À seize ans » (l. 8) : ils énoncent une série d'actions accomplies (« j'ai vu », l. 8 ; « je suis monté », l. 9). On peut d'ailleurs lire le texte en ne retenant que les phrases énoncées au passé composé.
L'empereur fait allusion à d'autres périodes de sa vie en recourant à trois autres temps : le **plus-que-parfait** se réfère à une époque antérieure à sa naissance (son père « avait rassemblé » une collection de tableaux).
Le **présent** désigne une expérience contemporaine du moment où il parle (l. 15-16) ; mais il a une valeur plus éternelle lorsqu'il évoque « la neige » peinte par Wang-Fô qui ne « peut fondre » (l. 17), qualité qu'il aimerait voir dans la réalité mais qu'il ne « possédera » (l. 21) dans aucun **futur**.
● Trois modes introduisent d'autres nuances :
Le **conditionnel** a ici une valeur de futur dans le passé : « serait réservé » (l. 19), « couperait » (l. 24).
Le **subjonctif** évoque des actions redoutées ou souhaitées, mais qui n'ont pas d'existence réelle : « de peur que... » (l. 3-4).
L'**impératif** est le mode de l'ordre : « Tuez ce gueux » (l. 30).
● À la fin du texte, l'empereur ayant fini de parler, on remarque que le **passé simple**, temps par excellence de la narration, reprend ses droits : « arracha » (l. 26), « se précipita... » (l. 27).

R E T E N I R

Pour écrire un récit*, on peut choisir d'utiliser :
– **le système du présent** qui prend pour référence le moment où on parle, le présent de l'énonciation*. On emploie alors surtout le passé composé, le présent et le futur simple pour situer les événements sur l'axe des temps ;

➤ *– Ce qui est bien, avec la caisse que tu m'as donnée, c'est que, la nuit, ça lui servira de maison.* » (Saint-Exupéry)

– **le système du passé** qui est coupé du moment de l'énonciation. On emploie alors surtout le plus-que-parfait, l'imparfait, le passé simple et le conditionnel (pour exprimer le futur dans le passé).

➤ *Il me répondit que c'était bien : la caisse que je lui avais donnée servirait, la nuit, de maison à son mouton.*

1. On peut tirer parti des valeurs différentes de chaque temps.

• Le présent indique :
– une action contemporaine du moment où on parle : c'est ce qu'on appelle le **présent d'énonciation** ;
– une **vérité générale** ou un **phénomène permanent** ;

➤ *L'eau bout à 100 ° C.*

– un événement passé, rapporté au présent : c'est le **présent de narration**.

➤ *Les soldats dormaient : Jules César entre alors dans le camp.* **EXERCICES 1 À 3**

• Le **futur simple** énonce une action à venir.

• Le **passé composé** exprime une action achevée au moment où on parle.

➤ *Il est arrivé hier.*

• L'**imparfait** exprime une action de durée non définie, un état en cours dans le passé. Il est utilisé pour évoquer les circonstances d'un récit, dans les descriptions*, et pour l'évocation de l'habitude.

➤ *Ce matin-là, un vent violent soufflait sur la lande déserte. De lourds nuages encombraient le ciel.*

• Le **passé simple** situe une action dans un passé bien défini. Il est utilisé essentiellement à l'écrit : c'est le temps de la narration*. ➤ *Malgré la pluie, il sortit.*

• Le **plus-que-parfait** exprime une action antérieure à un moment du passé exprimé au passé simple, au passé composé ou à l'imparfait.

➤ *Il eut peur. Il n'avait jamais rien entendu de pareil.* **EXERCICES 4 À 8**

2. On peut choisir un mode conjugué autre que l'indicatif pour insister sur la façon dont on envisage les faits exprimés.

• Le **conditionnel** joue parfois le rôle d'un temps de l'indicatif : il exprime alors le futur dans le passé. ➤ *Il a dit qu'il viendrait.*
Quand il est utilisé comme mode, le conditionnel permet d'atténuer une affirmation, d'exprimer une éventualité, de faire une supposition, de montrer qu'une action est soumise à une condition ou appartient au domaine du rêve.

• L'**impératif** permet de donner des ordres, des conseils, de faire des suggestions, des souhaits ou des prières.

• Le **subjonctif** permet de souligner le caractère douteux ou souhaité d'un fait. Il insiste sur son irréalité. ➤ *Il a peur que tu ne puisses pas venir.* **EXERCICES 9 À 12**

S'EXERCER ET RÉDIGER

1 Maîtriser l'emploi des temps

EXERCICE 1

Analyser les valeurs du présent.

S'il te plaît, … apprivoise-moi !

Le petit prince, en quête d'amis, rencontre le renard qui lui explique le sens du verbe apprivoiser *: créer des liens…*

Mais le renard revint à son idée :

– Ma vie est monotone. Je chasse les poules, les hommes me chassent. Toutes les poules se ressemblent, et tous les hommes se ressemblent. Je m'ennuie donc un peu. Mais, si tu m'apprivoises, ma vie sera comme ensoleillée. Je connaîtrai un bruit de pas qui sera différent de tous les autres. Les autres pas me font rentrer sous terre. Le tien m'appellera hors du terrier, comme une musique. Et puis regarde ! Tu vois, là-bas, les champs de blé ? Je ne mange pas de pain. Le blé pour moi est inutile. Les champs de blé ne me rappellent rien. Et ça, c'est triste ! Mais tu as des cheveux couleur d'or. Alors ce sera merveilleux quand tu m'auras apprivoisé ! Le blé, qui est doré, me fera souvenir de toi. Et j'aimerai le bruit du vent dans le blé…

Le renard se tut et regarda longtemps le petit prince :

– S'il te plaît,… apprivoise-moi ! dit-il.

– Je veux bien, répondit le petit prince, mais je n'ai pas beaucoup de temps. J'ai des amis à découvrir et beaucoup de choses à connaître.

– On ne connaît que les choses que l'on apprivoise, dit le renard. Les hommes n'ont plus le temps de rien connaître. Ils achètent des choses toutes faites chez les marchands. Mais comme il n'existe point de marchands d'amis, les hommes n'ont plus d'amis. Si tu veux un ami, apprivoise-moi !

ANTOINE DE SAINT-EXUPÉRY, *Le Petit Prince* (1943), éd. Gallimard.

1. Distinguez dans ce texte les phrases qui appartiennent à la narration* et celles qui appartiennent au dialogue. Repérez, dans ces deux systèmes, les temps des verbes.

2. Dans le dialogue, relevez, pour chacune des valeurs du présent proposées ci-dessous, deux exemples dans le texte :
présent d'énonciation, phénomène permanent, vérité générale.

EXERCICE 2

Transposer au présent de narration.

Travail d'approche

Plus silencieux qu'une ombre, Kino descendait le flanc lisse de la montagne. Un de ses pieds nus avançait de quelques pouces[1], les orteils tâtaient la pierre, s'y incrustaient, puis venait l'autre pied ; ensuite, la paume d'une des mains s'abaissait un peu, et la seconde suivait jusqu'à ce que, sans en avoir l'air, le corps tout entier se fût déplacé. Kino gardait la bouche ouverte pour éviter que même son souffle ne le trahît, car il savait qu'il n'était pas invisible. Si le guetteur, flairant un mouvement, regardait vers la tache sombre que faisait son corps contre la paroi, il le verrait. Kino devait se déplacer avec une lenteur telle qu'il n'attirerait pas le regard du veilleur. Il lui fallut très longtemps pour arriver en bas et se cacher derrière un palmier nain. Son cœur tapait à grands coups dans sa poitrine et la sueur ruisselait sur son visage. Il se tapit et fit de longues et profondes inspirations pour se calmer.

JOHN STEINBECK, *La Perle* (1950), trad. R. Vavasseur et M. Duhamel, éd. Gallimard.

1. Unité de mesure.

1. Transposez ce récit* au présent de narration.

2. Comparez les deux versions. Laquelle permet le mieux au lecteur de s'imaginer qu'il assiste « en direct » à la scène ?

Exercice 3

Analyser l'alternance présent / imparfait.

Le gamin de Paris

Cet enfant était bien affublé[1] d'un pantalon d'homme, mais il ne le tenait pas de son père, et d'une camisole[2] de femme, mais il ne la tenait pas de sa mère. Des gens quelconques l'avaient habillé de chiffons par charité. Pourtant il avait un père et une mère. Mais son père ne songeait pas à lui et sa mère ne l'aimait point. C'était un de ces enfants dignes de pitié entre tous qui ont père et mère et qui sont orphelins.

Cet enfant ne se sentait jamais si bien que dans la rue. Le pavé lui était moins dur que le cœur de sa mère.

Ses parents l'avaient jeté dans la vie d'un coup de pied. Il avait tout bonnement pris sa volée.

C'était un garçon bruyant, blême, leste, éveillé, goguenard, à l'air vivace et maladif. Il allait, venait, chantait, jouait à la fayousse[3], grattait les ruisseaux, volait un peu, mais comme les chats et les passereaux, gaiement, riait quand on l'appelait galopin, se fâchait quand on l'appelait voyou. Il n'avait pas de gîte, pas de pain, pas de feu, pas d'amour ; mais il était joyeux parce qu'il était libre.

Quand ces pauvres êtres sont hommes, presque toujours la meule de l'ordre social les rencontre et les broie, mais tant qu'ils sont enfants, ils échappent, étant petits. Le moindre trou les sauve. [...]

Cet enfant vivait dans cette absence d'affection comme ces herbes pâles qui viennent dans les caves. Il ne souffrait pas d'être ainsi et n'en voulait à personne. Il ne savait pas au juste comment devaient être un père et une mère.

Du reste sa mère aimait ses sœurs.

Nous avons oublié de dire que sur le boulevard du Temple[4] on nommait cet enfant le petit Gavroche.

Victor Hugo, *Les Misérables*, III, I, 13 (1862).

1. Habillé bizarrement.
2. Chemise.
3. Jeu d'adresse pratiqué dans la rue.
4. Rue d'un quartier populaire de Paris.

1. Repérez dans ce texte les passages à l'imparfait et ceux dans lesquels l'auteur choisit d'utiliser le présent.

2. Justifiez l'alternance de ces deux temps dans le texte.

3. Relevez deux verbes au plus-que-parfait. Comment expliquez-vous leur emploi ?

4. Écriture. Faites le portrait d'un collégien typique. Vous introduirez, dans ce portrait à l'imparfait, des commentaires ou des jugements personnels au présent.

Exercice 4

Évoquer des souvenirs à l'imparfait.

Souvenirs de vacances

Chacune des découpures de la véranda où il avait passé la tête, joué au chien de garde, aboyé et où, brusquement, la tête ne passait plus ! Chacun des sentiers dorés sous l'éclat du soleil, entre les deux buttes minuscules dont il avait fait le mont Sinaï et le cap de Bonne-Espérance, les deux petits ruisseaux qui avaient été l'Euphrate et le Tigre, le vieux puits vermoulu où les frères de Joseph avaient précipité Joseph et où habitait un effrayant animal du nom de Kakasax… […] Et, en face de l'entrée de la cuisine, le châtaignier de la pelouse sous lequel se trouvait la table de bois verte où l'on préparait le poisson et les baies en automne. L'odeur de feuilles vertes tout contre son nez lorsqu'il grimpait dans les arbres pour y cueillir les griottes[1] et les mettre ensuite dans un panier accroché à la branche la plus proche… […] La plage et les vagues terrorisantes que provoquait le passage des grands bateaux ; ces vagues qui, par une lointaine journée, l'avaient fait fuir jusqu'à bonne hauteur dans les collines, tellement l'effrayait alors tout mouvement de la mer, avant que la mer, précisément, ne vînt accaparer toutes ses pensées et ne se fît l'instigatrice[2] d'héroïques exploits […].

Et les promenades tranquilles sous l'obscurité des frondaisons lorsque s'approchait le soir : le dense parfum du jasmin au cœur de l'été ; sous les arbres, les ombres mystérieuses qui grandissaient intensément vers le crépuscule et devenaient des êtres vivants qui murmuraient leur message à la cantonade. […] C'étaient tous les étés. C'étaient tous les étés en un unique été : c'étaient en même temps un souvenir et un état, une félicité[3] tout à la fois réelle et imaginée.

JOHAN BORGEN, *Lillelord* (1985), trad. Éric Eydoux, éd. Unesco / Actes sud.

1. Cerises.
2. Celle qui pousse à accomplir des exploits.
3. État de bonheur parfait.

1. Le narrateur* se souvient des vacances de son enfance. Relevez les verbes à l'imparfait et expliquez en quoi ce temps est adapté à l'évocation des souvenirs.

2. Relevez cinq verbes au plus-que-parfait. Justifiez leur emploi.

3. Écriture. Après plusieurs années, vous revenez dans les lieux de votre petite enfance. Vous vous souvenez des jeux que vous aviez inventés, des impressions et des sentiments qui restent attachés, pour vous, à ces lieux. Vous rédigerez votre texte *(15 lignes)* à l'imparfait et au plus-que-parfait.

EXERCICE 5

Introduire une perturbation.

Wang-Fô

Le vieux peintre Wang-Fô et son disciple Ling vagabondaient le long des routes du royaume des Han. Le royaume des Han : c'était le nom qu'en ce temps-là on donnait à la Grande Chine.

Personne ne peignait mieux que Wang-Fô les montagnes sortant du brouillard, les lacs avec des vols de libellules, et les grandes houles du Pacifique vues des côtes. On disait que ses images saintes exauçaient d'emblée les prières ; quand il peignait un cheval, il fallait toujours qu'il le montrât attaché à un piquet ou tenu par une bride, sans quoi le cheval s'échappait au grand galop du tableau pour ne plus revenir. Les voleurs n'osaient pas entrer chez les gens pour qui Wang-Fô avait peint un chien de garde.

MARGUERITE YOURCENAR, *Comment Wang-Fô fut sauvé* (1979), in *Nouvelles orientales*, éd. Gallimard.

1. À quel temps sont la majorité des verbes de ce texte ? Justifiez leur emploi.

2. Écriture. Proposez une suite au texte. Vous raconterez en un bref paragraphe *(20 lignes)* une péripétie qui tienne compte du pouvoir magique du peintre Wang-Fô. À quel temps rédigerez-vous ce récit* ?

EXERCICE 6

Rétablir l'imparfait et le passé simple.

Sioux et visages pâles

Les grandes guerres indiennes *(commencer)* le 15 juillet 1866, par la construction d'un premier fortin[1] sur le trajet de la malencontreuse route Bozeman. Les Sioux de Nuage-Rouge *(harceler)* les soldats, attaquant tous les convois qui *(arriver)* ou qui *(partir)* du fort.

En décembre, le capitaine W. Fetterman *(poursuivre)* une bande d'Indiens qui *(attaquer)* une corvée[2] de bois. Le capitaine et ses hommes *(tomber)* dans une embuscade et *(décimer,* voix passive*)* par des milliers de guerriers.

Près d'un an plus tard, les Indiens *(essayer)* la même tactique sur une autre corvée de bois, commandée par le capitaine Powell. Au lieu de les poursuivre, Powell *(faire)* démonter les roues de ses chariots et disposer les caisses en cercle. Il *(commander)* à ses hommes de se mettre en position de combat à l'abri de ce fort provisoire et *(attendre)* de pied ferme l'attaque de Nuage-Rouge.

La stratégie des guerriers indiens *(consister)* à attaquer par vagues successives. Les soldats *(décharger)* leurs fusils à un coup sur la première vague, et la seconde — ou la troisième — les *(écraser)* avant qu'ils aient pu recharger. À condition d'être en surnombre, cette tactique *(réussir)* toujours aux Indiens. Nuage-Rouge *(être)* donc sûr de la victoire. Ce *(être)* une cuisante défaite.

D'après C. CHILTON, *L'épopée du Far-West*, éd. Larousse.

1. Petit fort.
2. Groupe d'hommes chargés de ramasser du bois.

1. Rétablissez les formes verbales de ce récit* au passé. Vous ferez alterner le passé simple, l'imparfait et le plus-que-parfait.

2. Écriture. Racontez la bataille qui a opposé le capitaine Powell et Nuage-Rouge. Attachez-vous d'abord à décrire les circonstances de cet affrontement et les guerriers des deux camps. Évoquez ensuite les péripéties de ce combat. Vous aurez soin de faire alterner l'imparfait et le passé simple dans votre texte.

Exercice 7

Remplacer le présent de narration par les temps du passé.

Perdu dans la tourmente

Et de nouveau il *distingue* quelque chose de noir devant lui. Il se *réjouit*, certain que cette fois ce *doit* être le village. Mais *c'est* la même dérayure[1] et les mêmes armoises[2] que *fouette* le vent, et qui, on ne sait pourquoi, *remplissent* Vassili Andréitch de terreur. […] Vassili Andréitch *tourne* évidemment en rond dans un petit espace. « Je vais périr si je continue ainsi », se *dit*-il ; mais pour lutter contre sa terreur, il se *met* à presser son cheval encore davantage, s'efforçant de percer du regard la brume neigeuse dans laquelle il lui *semble* voir scintiller des points lumineux qui *disparaissent* aussitôt qu'il les *fixe*. Une fois il *croit* entendre des aboiements de chiens ou des hurlements de loups. Mais ces sons *sont* si faibles, si indistincts, qu'il ne *peut* se rendre compte s'il *entend* vraiment quelque chose ou bien s'il *s'illusionne*. S'arrêtant, il *prête* l'oreille, tâchant de saisir le moindre son.

Soudain, un cri épouvantable, assourdissant, *retentit* à ses oreilles et il se *sent* secoué d'un tremblement convulsif. Vassili Andréitch *embrasse* le cou du cheval, mais ce cou *tremble* aussi et l'horrible cri *devient* encore plus épouvantable.

D'après Léon Tolstoï, *Maître et serviteur* (1886-1904), trad. B. de Schlœzer, éd. Stock.

1. Sillon.
2. Plantes aromatiques.

1. Les verbes de ce texte ont été employés au présent de narration. Retrouvez le texte initial en lui substituant des imparfaits et des passés simples.

2. Écriture. Imaginez la suite de ce texte. Vous rédigerez un récit* dans lequel vous utiliserez en alternance l'imparfait pour décrire les circonstances et le passé simple pour évoquer les actions du personnage.

Exercice 8

Exprimer l'antériorité.

Coquetterie

Un jour, Delphine et Marinette dirent à leurs parents qu'elles ne voulaient plus mettre de sabots. Voilà ce qui s'était passé. Leur grande cousine Flora, qui avait presque quatorze ans et qui habitait le chef-lieu, venait de faire un séjour d'une semaine à la ferme. Comme elle avait été reçue un mois plus tôt à son certificat d'études, son père et sa mère lui avaient acheté un bracelet-montre, une bague en argent et une paire de souliers à talons hauts.

Marcel Aymé, *Les contes rouges du chat perché*, *« Le paon »*, (1963), éd. Gallimard.

1. Justifiez l'emploi des temps des verbes soulignés dans le texte.

2. Écriture. Imaginez une suite *(15 lignes)* à la phrase qui vous est proposée : *Depuis ce jour, il/elle eut la permission de ne plus venir au collège. Voilà ce qui s'était passé.*

2 Maîtriser l'emploi des modes

Exercice 9

Analyser les valeurs du conditionnel.

Partir pour Mars

Pourquoi ne pourrait-il pas, lui aussi, partir pour Mars ? Il les menaça du poing et leur dit qu'il voulait quitter la Terre. N'importe quel individu sensé voulait quitter la Terre. D'ici deux ans, une vaste guerre atomique se déclencherait sur la Terre et il ne voulait pas être là quand elle éclaterait. Lui et des milliers de ses semblables, s'ils avaient une once de sens commun, partiraient pour Mars. Demandez-le-leur seulement ! Échapper aux guerres, à la censure, à l'étatisme, à la conscription, au contrôle gouvernemental de ceci ou de cela, de l'art, de la science !

Ray Bradbury, *Chroniques martiennes* (1950), éd. Denoël.

1. Relevez quatre formes verbales au conditionnel. Trouvez leur valeur en choisissant parmi les propositions suivantes :
futur dans le passé, supposition, atténuation, action soumise à une condition incertaine.

2. Écriture. Opposez à la vision pessimiste que le personnage a du futur, un point de vue plus optimiste en proposant une suite à l'amorce suivante : *D'ici quelques années,…* Rédigez votre texte au conditionnel.

Exercice 10

Écrire au conditionnel.

Une merveilleuse invention

Le narrateur évoque une plante aux propriétés merveilleuses…

Sans elle, comment seraient portés les plaidoyers des avocats à l'audience ? Comment serait, sans elle, porté le plâtre à l'atelier ? Sans elle, comment serait tirée l'eau du puits ? Sans elle, que feraient les tabellions[1], les copistes, les secrétaires et les scribes ? Est-ce que ne périraient pas les pancartes et les titres de rente ? Le noble art d'imprimerie ne périrait-il pas ? Avec quoi ferait-on des châssis ? Comment sonnerait-on les cloches ?

Rabelais, *Le Tiers Livre,* LI (1546).

1. Notaires.

1. Ce texte se présente sous la forme d'une devinette. Transposez-le au présent de l'indicatif : *Grâce à elle,…*

2. Rabelais a utilisé un autre mode : lequel ? Pourquoi ?

3. Écriture. Faites l'éloge d'une invention moderne dont vous tairez le nom afin de le faire deviner à votre lecteur. Rédigez une série de phrases interrogatives, au mode employé par Rabelais.

Exercice 11

Rédiger une lettre à l'impératif.

Écriture. Un ami étranger va venir en France pour la première fois. Rédigez une lettre à l'impératif afin de lui transmettre des conseils, suggestions ou souhaits.

Exercice 12

Utiliser le subjonctif.

Dernières volontés d'un tyran

Le Roi — […] Ah, qu'on se *(souvenir)* de moi. Que l'on *(pleurer)*, que l'on *(désespérer)*. Que l'on *(perpétuer)* ma mémoire dans tous les manuels d'histoire. Que tout le monde *(connaître)* ma vie par cœur. Que tous la *(revivre)*. Que les écoliers et les savants n'*(avoir)* pas d'autre sujet d'étude que moi, mon royaume, mes exploits. Qu'on *(brûler)* tous les autres livres, qu'on *(détruire)* toutes les statues, qu'on *(mettre)* la mienne sur toutes les places publiques.[…] Que tous les autres rois, les guerriers, les poètes, les ténors, les philosophes (*oublier*, voix passive) […]. Que toutes les fenêtres éclairées *(avoir)* la couleur et la forme de mes yeux, que les fleuves *(dessiner)* dans les plaines le profil de mon visage ! Que l'on m'*(appeler)* éternellement, qu'on me *(supplier)*, que l'on m'*(implorer)*.

Ionesco, *Le Roi se meurt* (1963), éd. Gallimard.

1. Restituez le texte initial en mettant les verbes au subjonctif. Justifiez cet emploi.

2. Sur quel aspect du personnage l'emploi répétitif de ce mode permet-il d'insister ?

3. Écriture. Vous êtes président de la République et formulez des vœux pour la nation à l'occasion du 1er janvier. Vous utiliserez la structure des phrases et le mode employé par Ionesco. Quelle nuance prendra le subjonctif dans votre texte ?

CHAPITRE **7**

Étudier la tonalité épique

LIRE ET OBSERVER

La Déroute

VICTOR HUGO, *Châtiments*, V, XIII, 2, « L'Expiation » (1853).

Le soir tombait ; la lutte était ardente et noire.
Il[1] avait l'offensive et presque la victoire ;
Il tenait Wellington[2] acculé sur un bois. [...]
Soudain, joyeux, il dit : « Grouchy[3] ! » – C'était Blücher[4] !
L'espoir changea de camp, le combat changea d'âme. [...]
Puis, à pas lents, musique en tête, sans fureur,
Tranquille, souriant à la mitraille anglaise,
La garde impériale entra dans la fournaise.
Hélas ! Napoléon, sur sa garde penché,
Regardait, et, sitôt qu'ils avaient débouché
Sous les sombres canons crachant des jets de soufre,
Voyait, l'un après l'autre, en cet horrible gouffre,
Fondre ces régiments de granit et d'acier,
Comme fond une cire au souffle d'un brasier.
Ils allaient, l'arme au bras, front haut, graves, stoïques[5].
Pas un ne recula. Dormez, morts héroïques !
Le reste de l'armée hésitait sur leurs corps,
Et regardait mourir la garde. – C'est alors
Qu'élevant tout à coup sa voix désespérée,
La Déroute, géante à la face effarée,
Qui, pâle, épouvantant les plus fiers bataillons,
Changeant subitement les drapeaux en haillons,
À de certains moments, spectre fait de fumées,
Se lève grandissante au milieu des armées,
La Déroute apparut au soldat qui s'émeut,
Et, se tordant les bras, cria : « Sauve qui peut ! »
Sauve qui peut ! – affront ! horreur ! – toutes les bouches
Criaient ; à travers champs, fous, éperdus, farouches, [...]
Parmi les lourds caissons[6] et les fourgons poudreux, [...]
Jetant shakos[7], manteaux, fusils, jetant les aigles[8],
Sous les sabres prussiens, ces vétérans[9], ô deuil !
Tremblaient, hurlaient, pleuraient, couraient ! [...]

1. Désigne l'empereur Napoléon.
2. Général anglais, ennemi de Napoléon.
3. Maréchal de France.
4. Général prussien, ennemi de Napoléon.
5. Courageux, héroïques.
6. Chariots de guerre.
7. Coiffure militaire avec visière que portaient les soldats de Napoléon.
8. Enseignes militaires représentant un aigle.
9. Soldats qui ont déjà combattu pendant de nombreuses années.

Repérer

Hugo met en scène la défaite de Napoléon à Waterloo (1815). Mais il ne fait pas œuvre d'historien objectif ; il a pour but de donner à l'armée napoléonienne une dimension héroïque.

Les éléments d'une scène à grand spectacle

Les verbes d'action sont sur fond gris.
Les notations visuelles, sonores et tactiles sont sur fond rose.

Les images qui transforment la réalité

Les comparaisons et les métaphores sont soulignées en rouge.
Les personnifications et allégories sont soulignées en noir.

L'amplification et l'émotion du narrateur

Les hyperboles ou exagérations sont encadrées en noir.
Les exclamations du narrateur sont encadrées en rouge.

Analyser et rédiger

- Hugo émaille son récit de **données historiques** et de **détails réalistes** : la mention de l'heure (« Le soir », v. 1), des personnages et événements donne de la crédibilité à l'épisode en lui assurant un fondement réel.
- Mais il dépasse le récit purement événementiel et objectif de l'historien. Hugo compose **une scène à grand spectacle.** Les marqueurs temporels (« Soudain », v. 4 ; « C'est alors que », v. 18 ; « tout à coup », v. 19…), le rythme haletant des vers, les verbes d'action et de mouvement (« changea », « entra », « avaient dévouché »,« allaient », « se lève », « couraient »…) soulignent la violence de l'action.
Pour faire imaginer le chaos de la déroute, il sollicite tous les sens du lecteur : les notations **visuelles** (« noire », v. 1 ; « pâle », v. 21), **sonores** (« musique », v. 6 ; « voix » et cri de la Déroute, hurlements et pleurs des soldats) et même **tactiles** (« fournaise », v. 8 ; « jets de soufre », v. 11 ; « brasier », v. 14 ; « fumées », v. 23 ; « poudreux », v. 29) créent une atmosphère infernale.
- La réalité est transformée par des images. Les **comparaisons** (« comme fond une cire », v. 14) et les **métaphores** composent un tableau saisissant : le champ de bataille devient « fournaise » (v. 8), puis « gouffre » (v. 12).
- L'épisode atteint le merveilleux avec la **personnification** des canons « crachant » (v. 11) et de la « Déroute » : concrétisée et rendue visible par une **allégorie**, dotée d'une majuscule, elle devient une « géante » (v. 20), puis un « spectre » horrifiant (v. 23), munie d'une « voix » (v. 19), d'une « face » (v. 20) et de « bras » (v. 26).

● L'**amplification** donne au spectacle une dimension gigantesque. Les phrases, souvent très longues, prennent un rythme ample. Les exclamations du narrateur se multiplient (« C'était Blücher ! », v. 4 ; « Hélas ! », v. 9 ; « Dormez, morts héroïques ! », v. 16 ; « Sauve qui peut ! – affront ! – horreur », v. 27 ; « ô deuil ! », v. 31).
Les **hyperboles** ou exagérations font de la Déroute une « géante », « grandissante » (v. 24). Tous ces éléments confèrent au texte un souffle épique. Le récit prend une valeur **symbolique** : les soldats de la garde napoléonienne représentent le courage et le dévouement sans bornes.

RETENIR

Pour qualifier un texte ou une image, il faut savoir repérer sa **tonalité***.
On distingue plusieurs tonalités : **comique** (qui fait rire), **dramatique** (qui provoque l'émotion), **polémique** (qui critique vivement)...
La tonalité **épique** raconte les exploits extraordinaires (batailles, révoltes, voyages...) d'un personnage ou d'un groupe héroïque.

1. L'épique s'appuie sur une réalité spectaculaire.
- Il met en scène des données historiques, religieuses ou sociales.
- Il comporte des éléments réalistes*, qui frappent les sens du lecteur.

EXERCICES 1 ET 2

2. L'épique transforme la réalité par des images* frappantes.
- La **comparaison*** rapproche, grâce à un mot-outil *(comme, tel...)*, un élément (le comparé*) d'un autre élément (le comparant*).
  ➤ « *La mêlée* en hurlant grandit *comme* *une flamme* » (Victor Hugo).
  (*La mêlée* : comparé ; *comme* : mot-outil ; *une flamme* : comparant)
- La **métaphore*** assimile deux éléments, mais sans mot-outil.
  ➤ « *Un grand troupeau d'étoiles vagabondes* » (Du Bellay).
- L'**allégorie*** métamorphose une idée et la présente sous forme matérielle.
  ➤ « *La nuit tombe, vous frôle de son aile noire* » (Alphonse Daudet).
- La **personnification*** métamorphose une idée ou une chose en personne.
  ➤ « *L'Envie aux doigts crochus, au teint pâle et livide* » (Beaumarchais).

EXERCICES 3 À 6

3. L'épique déforme la réalité par une vision grossie et surnaturelle.
- Il **amplifie** les scènes évoquées :
  – par le rythme majestueux de longues phrases,
  – par l'hyperbole* qui est un procédé d'exagération.
  ➤ *Je suis paralysé de peur. Il le frappa de mille coups.*
- Il **simplifie** les situations et leur donne une valeur **symbolique** : le héros incarne une qualité ou un défaut.
  ➤ *La colombe symbolise la paix. Hercule représente la force.*
- Il introduit du **merveilleux***, du surnaturel.

EXERCICES 7 À 9

4. On peut aussi imiter l'épique, de façon exagérée et comique, dans la parodie*.

EXERCICE 10

S'EXERCER ET RÉDIGER

1 Découvrir l'histoire et la réalité sous la légende

EXERCICE 1

Retrouver le fondement historique d'un texte épique.

Waterloo

Le plan de Napoléon est de compenser son infériorité numérique en écrasant Wellington et Blücher avant l'arrivée des renforts alliés. [...] Vers dix-neuf heures, sur le même front où venait de charger la cavalerie, Napoléon tentait un ultime assaut avec cinq bataillons de grenadiers et de chasseurs de la Garde. [...] Elle fut à son tour fauchée par le tir des Anglais et contrainte de reculer. Au même moment, surgissait, à l'extrême droite, vers Papelotte, un nouveau corps prussien, celui de Zielten. Le recul de la Garde, combiné à l'apparition soudaine d'un nouvel ennemi là où était attendu Grouchy, provoqua une panique générale dont profitèrent les Anglais pour lancer à leur tour une offensive. La retraite se transforma en une déroute qui ne s'arrêta qu'à la frontière. Seule la Vieille Garde demeura inébranlable, couvrant le reflux[1] désordonné des Français.

JEAN TULARD, *Napoléon*, IV, 9 (1987), éd. A. Fayard.

1. Recul.

1. Jean Tulard raconte la déroute de Waterloo en historien objectif*.
Retrouvez les détails historiques que Hugo a gardés dans son récit épique.
Quels détails (temporels, géographiques) Jean Tulard donne-t-il en plus ?

2. Écriture. *21 juillet 1969, Neil Armstrong, mission Apollo XI : le premier homme pose le pied sur la Lune.* Documentez-vous et écrivez deux textes courts *(10 lignes chacun)* : l'un objectif à la manière de Jean Tulard, l'autre épique à la manière de Hugo.

EXERCICE 2

Étudier et commenter le réalisme épique.

L'œil du Cyclope

Ulysse, prisonnier du Cyclope, s'attaque au géant à l'œil unique.

Il se renverse alors et tombe sur le dos... Bientôt nous le voyons ployer son col énorme, et le sommeil le prend, invincible dompteur. Mais sa gorge rendait du vin, des chairs humaines, et il rotait, l'ivrogne ! J'avais saisi le pieu ; je l'avais mis chauffer sous le monceau des cendres [...]. Quand le pieu d'olivier est au point de flamber, – tout vert qu'il fût encore, on en voyait déjà la terrible lueur, – je le tire du feu ; je l'apporte en courant ; mes gens, debout, m'entourent : un dieu les animait d'une nouvelle audace. Ils soulèvent le pieu : dans le coin de son œil, ils en fichent la pointe. Moi, je pèse d'en haut et je le fais tourner... [...] En son œil, nous tenions et tournions notre pointe de feu, et le sang bouillonnait autour du pieu brûlant : paupière et sourcils n'étaient plus que vapeurs de la prunelle en flammes, tandis qu'en grésillant, les racines[1] flambaient. Dans l'eau froide du bain qui trempe le métal, quand le maître bronzier[2] plonge une grosse hache ou bien une doloire[3], le fer crie et gémit. C'est ainsi qu'en son œil, notre olivier sifflait... Il eut un cri de fauve. [...] Mais nous, épouvantés, nous étions déjà loin.

HOMÈRE, *Odyssée*, IX (VIIIe siècle av. J.-C.), trad. V. Bérard, éd. Armand Colin.

1. Racines de l'œil.
2. Forgeron.
3. Instrument en métal pour amincir le bois.

1. Relevez les termes qui donnent à cette scène une précision presque médicale.

2. La minutie d'un artisan : relevez les mots techniques (outils, mouvements...).

3. Relevez les termes qui suggèrent couleurs, lumière et sons. Quel effet produisent ces notations sensorielles ?

2 Étudier la transformation par les images

Exercice 3

Analyser les comparaisons épiques.

Deux héros face à face

Hector tire le glaive aigu suspendu à son flanc, le glaive grand et fort ; puis, se ramassant, il prend son élan, tel l'aigle de haut vol, qui s'en va vers la plaine, à travers les nues ténébreuses, pour ravir un tendre agneau ou un lièvre qui se terre ; tel s'élance Hector, agitant son glaive aigu. Achille aussi bondit ; son cœur se remplit d'une ardeur sauvage ; il couvre sa poitrine de son bel écu[1] ouvragé ; sur son front oscille son casque étincelant à quatre bossettes[2], où voltige la crinière d'or splendide. [...] Comme l'étoile qui s'avance, entourée des autres étoiles, au plein cœur de la nuit, comme l'Étoile du soir, la plus belle qui ait sa place au firmament, ainsi luit la pique acérée qu'Achille brandit dans sa droite[3], méditant la perte du divin Hector et cherchant des yeux, sur sa belle chair, où elle offrira le moins de résistance.

Homère, *Iliade*, XXII (VIIIe siècle av. J.-C.),
trad. P. Mazon, éd. Les Belles Lettres.

1. Bouclier.
2. Ornements en forme de petites bosses.
3. Main droite.

1. Repérez les mots-outils de comparaison* *tel, comme, ainsi.*

2. Identifiez :
– les noms des personnages et des objets qui sont comparés,
– les mots et expressions qui précisent à quoi ils sont comparés.

3. Sur quelle qualité d'Hector Homère a-t-il voulu attirer l'attention ?

4. Les armes d'Achille ont été forgées par le dieu Héphaïstos. En quoi la comparaison souligne-t-elle cet aspect merveilleux ?

5. Écriture. À la manière d'Homère, décrivez deux champions sportifs en compétition. Vous les caractériserez chacun par une comparaison qui les mettra en valeur.

Exercice 4

Repérer et analyser les métaphores épiques.

Révolte de mineurs

Au XIXe siècle, une foule de mineurs grévistes, affamés, se révolte contre la Compagnie qui les exploite.

Mais le mineur n'était plus l'ignorant, la brute écrasée dans les entrailles du sol. Une armée poussait des profondeurs des fosses[1], une moisson de citoyens dont la semence germait et ferait éclater la terre, un jour de grand soleil. [...] Oui ! le travail demanderait des comptes au capital[2], à ce dieu impersonnel, inconnu de l'ouvrier, accroupi quelque part, dans le mystère de son tabernacle[3], d'où il suçait la vie des meurt-la-faim qui le nourrissaient ! On irait là-bas, on finirait bien par lui voir sa face aux clartés des incendies, on le noierait sous le sang, ce pourceau immonde, cette idole monstrueuse, gorgée de chair humaine !

Émile Zola, *Germinal*, IV, 7 (1885).

1. Puits de mine.
2. (= les capitalistes). Ici, les industriels très riches.
3. Petite armoire renfermant les objets sacrés dans une église.

1. En quoi sont successivement transformés les mineurs ?
a) Quelle métaphore* est plus développée ? Relevez les mots qui s'y rattachent.
b) Quelle métaphore vous semble la plus effrayante ? la plus prophétique ?

2. Le capital prend deux formes différentes : lesquelles ? Relevez toutes les expressions qui se rattachent à chacune de ces métaphores. Quels aspects des « riches » mettent-elles en avant ?

3. Quelles impressions Zola veut-il provoquer chez le lecteur ?

4. Écriture. *Dans la guerre des Étoiles, les Rebelles s'insurgent contre l'empereur de la Galaxie...* Composez le discours d'un meneur qui appelle à l'action et qui oppose les différents camps par des métaphores épiques.

Exercice 5

Repérer les allégories épiques.

J'écris dans ce pays

Aragon décrit la France occupée pendant la Seconde Guerre mondiale.

J'écris dans ce pays que le sang défigure,
Qui n'est plus qu'un monceau de douleurs
[et de plaies,
Une halle à tous vents que la grêle inaugure,
Une ruine où la mort s'exerce aux osselets…
[…]
J'écris dans ce pays qui souffre mille morts,
Qui montre à tous les yeux ses blessures
[pourprées,
Et la meute sur lui grouillante qui le mord,
Et les valets sonnant dans le cor la curée[1] !

J'écris dans ce pays que les bouchers
[écorchent,
Et dont je vois les nerfs, les entrailles, les os…
Et dont je vois les bois brûler comme des
[torches,
Et, sur les blés en feu, la fuite des oiseaux…
[…]
J'écris dans ce décor tragique, où les acteurs
Ont perdu leur chemin, leur sommeil et leur
[rang,
Dans ce théâtre vide où les usurpateurs[2]
Annoncent de grands mots pour les seuls
[ignorants…

LOUIS ARAGON, *Le Musée Grévin* (1943), éd. Messidor

1. Moment de la chasse à courre où l'on donne aux chiens une portion de la bête tuée.
2. Personne qui s'approprie injustement un droit.

1. Aragon, pour créer l'émotion, transforme la réalité. Par quelles allégories* (deux dans la première strophe, une dans chaque strophe suivante) l'idée d'une France ravagée est-elle concrétisée ?

2. *La mort s'exerce aux osselets* (v. 4). Expliquez cette allégorie. En quoi est transformée *la mort* ?

3. Écriture. *J'écris dans ce monde…* Évoquez à votre tour le monde d'aujourd'hui, en utilisant des allégories épiques.

Exercice 6

Créer des personnifications épiques.

Un bicorne légendaire

Metternich, homme politique autrichien hostile à Napoléon, s'adresse, une nuit, au bicorne que le fils de l'empereur a gardé en souvenir de son père…

METTERNICH *(tournant le chapeau dans ses*
[mains) :
Le voilà, ce fameux petit !… Comme il est
[laid !
On l'appelle petit, d'abord, est-ce qu'il l'est ?
(Haussant les épaules et de plus en plus
[rancunier.)
Non. – Il est grand. Très grand. Énorme. C'est
[en somme
Celui, pour se grandir, que porte un petit
[homme !… […]
(Et tout d'un coup, quittant ce ton de
[persiflage[1]*.)*
– Ah ! ne crois pas pour toi que ma haine
[s'endorme !
Je t'ai haï, d'abord, à cause de ta forme,
Chauve-souris des champs de bataille ! chapeau
Qui semblais fait avec deux ailes de corbeau !
[…]
À cause de ta morgue[2] insupportable ; à cause
De ta simplicité qui n'était qu'une pose,
De ta joie, au milieu des diadèmes d'or,
À n'être insolemment qu'un morceau de castor ;
À cause de la main rageuse et volontaire
Qui t'arrachait parfois pour te lancer à terre ;
De tous mes cauchemars que dix ans tu peuplas ;
Des saluts que moi-même ai dû te faire, plats ;
Et quand pour le flatter je cherchais l'épithète,
Des façons dont parfois tu restas sur sa tête ! […]
Vainqueur, neuf, acclamé, puissant, je t'ai haï,
Et je te hais encor vaincu, vieux et trahi !
Je te hais pour cette ombre altière et
[péremptoire[3]
Que tu feras toujours sur le mur de l'histoire !

EDMOND ROSTAND, *L'Aiglon*, III, 7 (1900).

1. Moquerie, raillerie.
2. Arrogance, orgueil.
3. À laquelle on n'ose pas répliquer.

1. En quoi le bicorne est-il transformé aux vers 1, 7, 12 ? S'agit-il de comparaisons*, de métaphores* ?

2. Il est aussi personnifié* : à qui s'adresse Metternich à partir du vers 5 ? À quelle voix (active ou passive) sont les verbes aux vers 15, 18, 22 ?

3. Relevez et classez tous les mots qui donnent au bicorne un caractère et des émotions.

4. Écriture. Associez les objets ou les idées suivants à un personnage qui mettra en valeur une de leurs caractéristiques :
le Travail, la Victoire, la Jalousie, la Justice, un canon, la Gloire, le Crime, l'Amour.
Développez, en 2 lignes, chaque personnification pour créer l'effroi ou l'admiration.

3 Étudier l'amplification et le merveilleux

Exercice 7

Repérer et commenter les hyperboles.

Le mot de Cambronne

Aux dernières heures de la défaite de Waterloo…

Un général anglais […] leur cria : « Braves Français, rendez-vous ! » Cambronne répondit : « Merde ! » […] Donc, parmi tous ces géants, il y eut un titan, Cambronne.

Dire ce mot, et mourir ensuite. Quoi de plus grand ! […]

C'est l'insulte à la foudre. […]

Ils sont là, tous les rois de l'Europe, les généraux heureux, les Jupiters tonnants, ils ont cent mille soldats victorieux, et derrière les cent mille, un million, leurs canons, mèche allumée, sont béants, ils ont sous leurs talons la garde impériale et la grande armée, ils viennent d'écraser Napoléon, et il ne reste plus que Cambronne ; il n'y a plus pour protester que ce ver de terre. Il protestera. Alors il cherche un mot comme on cherche une épée. Il lui vient de l'écume, et cette écume, c'est le mot. […]

Dire cela, faire cela, trouver cela, c'est être le vainqueur.

VICTOR HUGO, *Les Misérables*, II, I, 15 (1862).

1. Repérez les exagérations, les expressions hyperboliques*. Que deviennent le *mot* de Cambronne ? les combattants ? les chefs ?

2. Hugo utilise deux hyperboles opposées pour désigner Cambronne, l'une qui souligne son humilité, l'autre sa grandeur morale. Repérez-les.

3. Repérez une amplification* rythmique. Trouvez une phrase très longue : de qui parle-t-elle ? Comparez la longueur de cette phrase à la suivante : pourquoi, selon vous, cette différence ?

4. Dans quel ordre les données chiffrées sont-elles classées ? En quoi cet ordre constitue-t-il une amplification ?

5. Écriture. *Quelqu'un a fait un « petit geste » qui vous paraît très noble.* À la manière de Hugo, exaltez-en la grandeur en utilisant des hyperboles.

Exercice 8

Repérer et commenter les symboles.

Canon furieux

En 1793, sur un navire, un énorme canon s'est détaché et détruit tout sur son passage.

Tout à coup, dans cette espèce de cirque inabordable où bondissait le canon échappé, on vit un homme apparaître, une barre de fer à la main. […]

Alors une chose farouche commença ; spectacle titanique ; le combat du canon contre le canonnier ; la bataille de la matière et de l'intelligence, le duel de la chose contre l'homme. […]

Le monstre avait l'air de guetter l'homme. Il y avait, on l'eût pu croire du moins, de la ruse dans cette masse. […] C'était on ne sait quel gigantesque insecte de fer ayant ou semblant avoir une volonté de démon. […]

La caronade[1] trébucha. Le canonnier à son tour, saisissant ce joint redoutable, plongea sa barre de fer entre les rayons d'une des roues d'arrière. Le canon s'arrêta. […]

C'était fini. L'homme avait vaincu.

VICTOR HUGO, *Quatrevingt-treize*, I, II, 5 (1873).

1. Canon.

1. L'homme, le canon : relevez sur deux colonnes tous les termes qui les désignent.

2. Sur quelles caractéristiques des combattants ces termes insistent-ils ? Que symbolisent le canon ? l'homme ? Que veut nous faire comprendre Hugo par la victoire de l'homme ?

3. Écriture. *Un homme tente de maîtriser un animal ou un véhicule lancé à pleine vitesse.* Racontez en donnant à l'événement une dimension symbolique.

Exercice 9

Repérer et commenter le merveilleux.

Combat fabuleux d'Hercule

Il y avait là, écartée au fond de cette énorme excavation, une caverne que la face épouvantable d'un être à peine humain, Cacus, rendait inaccessible aux rayons du soleil [...]. Alcide[1] d'en haut l'accable de traits, recourt à toutes les armes, jette sur lui des branches et d'énormes pierres. Cacus, de son côté – car il n'a plus aucun moyen d'échapper au péril –, vomit à pleine gorge, ô prodige, des flots de fumée et fait rouler dans sa demeure une aveuglante obscurité, enlevant au regard toute possiblité de voir, au fond de son antre il épaissit une nuit fumeuse où le feu se mêle aux ténèbres. Alcide ne put contenir sa colère : tête baissée il se jeta d'un bond à travers le feu, là où la fumée plus dense pousse ses tourbillons, où l'immense caverne bouillonne de nuées noires. Il saisit Cacus qui vomissait dans ses ténèbres d'inutiles incendies, il le serre comme d'un nœud, sous l'étreinte dont il le presse les yeux jaillissent, la gorge est vidée de son sang.

VIRGILE, *Énéide,* VIII, v. 190-265 (29-19 av. J.-C.), trad. J. Perret, éd. Les Belles Lettres.

1. Autre nom d'Hercule, petit-fils d'Alcée.

1. Repérez les éléments surnaturels.

2. Quelle exclamation du narrateur souligne l'aspect merveilleux* de l'épisode ?

3. Écriture. Inventez un récit effrayant qui comportera au moins deux éléments ou événements merveilleux.

4 S'amuser avec l'épopée

Exercice 10

Repérer la parodie épique.

Le combat contre les Andouilles

*Frère Jean, en guerre contre les Andouilles, a rempli de cuisiniers un engin en forme de truie et surgit tel Ulysse, dans l'*Iliade, *de son cheval de Troie...*

Riflandouille riflait[1] Andouilles, Tailleboudin taillait boudins. [...] Adonc voyant frère Jean le désarroi et tumulte ouvre les portes de sa Truie, et sort avec ses bons soudards[2], les uns portant broches de fer, les autres tenant [...] poêles, pelles, grils, fourgons, tenailles, lèchefrites, ramons, marmites, mortiers, pilons[3], [...] hurlant et criant tous ensemble épouvantablement : *Nabuzardan ! Nabuzardan ! Nabuzardan[4] !* [...] Les Andouilles soudain aperçurent ce nouveau renfort, et se mirent en fuite le grand galop, comme si elles eussent vu tous les Diables. Frère Jean à coups de bedaines[5] les abattait menu comme mouches ; ses soudards ne s'y épargnaient mie. C'était pitié. Le camp était tout couvert d'Andouilles mortes ou navrées[6].

RABELAIS, *Quart-Livre,* XLI (1532-1564).

1. Écorchait.
2. Soldats grossiers et brutaux.
3. Ustensiles de cuisine.
4. Cri de guerre.
5. Gros boulets de pierre.
6. Blessées.

1. Retrouvez les éléments de l'épopée* (thème, personnages) et les procédés épiques (comparaisons*, amplification*...).

2. Cependant ce récit* est comique : c'est une parodie* épique. Que sont devenus les ennemis ? En quoi les armes utilisées sont-elles appropriées aux circonstances ?

3. Écriture. Une armée se bat contre d'étranges « combattants » *(insectes, ordinateurs, outils, plantes carnivores...).* Choisissez les armes adéquates pour faire face à ces ennemis et racontez la bataille sous la forme d'une parodie épique...

CHAPITRE

8 Étudier la narration

LIRE ET OBSERVER

À l'abordage !

René Fallet, *Bulle ou la voix de l'océan* (1970), éd. Denoël.

Nous sommes à bord de *La Désillusion*, frégate de haute mer. [...] Moi qui vous parle, je suis Petit-Jean de Paimpol, gentilhomme de fortune pour vous servir et vous couper la gorge [...]. *La Désillusion* vogue sur l'Océan Indien à la recherche de sa proie favorite, le bon gros vaisseau patapouf chargé de soieries, d'épices et de barres d'argent. [...]

— Anglais à bâbord ! Anglais à bâbord !

Le capitaine Miséricorde saute sur sa lorgnette, dévisage un moment le nouveau venu avant de commander le branle-bas de combat. [...]

— À l'abordage ! hurle le capitaine Miséricorde.

Moi, Petit-Jean de Paimpol, je me retrouve d'un saut sur le pont britannique, poignard entre les dents, épée en main. Un grand flandrin d'Anglais, sec comme le vent du Nord, se jette sur moi lame en avant.

— Je vais te décoller les oreilles et t'élargir les trous de nez, que je lui crie.

— *Damned frog*, qu'il me répond, *take care of your throat !*

Ce qui signifie, tous les Anglais vous le diront : « Damnée grenouille, attention à ta gorge ! »

Clic, clac, nos lames s'entremêlent, et nous voilà menton contre menton. Je lui tire la langue, il me fait une grimace. Autour de nous des mousquets claquent, des hommes braillent comme cochons qu'on égorge. D'un pas de côté, je me dégage. [Le métier des armes m'a été appris par Maître Requiem, un lascar que je vous recommande.] Je me dégage donc et toc, je m'élance, je me fends, j'attaque au flanc !...

[Le récit du combat s'arrête et on retrouve Petit-Jean au fond des mers, dans le quartier de Lune...]

Il se fit soudain dans le quartier de Lune un grand remue-ménage. Un corps étranger traversa les profondeurs en vol plané, vint rebondir sur le corail [...]. Du sang giclait encore de sa poitrine transpercée. Un de ses bras portait ce tatouage : « À Marie-Jeanne, à la vie, à la mort. »

— À la vie, à la mort, mission accomplie ! songea Petit-Jean de Paimpol en s'immobilisant sur la vase. ■

Marques du changement de narrateur et de point de vue

Lieux

Personnages

Schéma narratif

- S_1 : Situation initiale
- C : Complication, déclencheur
- P : Péripéties
- [R] : Retour en arrière
- S_2 : Situation finale

Analyser et rédiger

Un changement de narrateur et de point de vue

Le narrateur, dans la première partie de l'extrait, participe à l'action : c'est un **narrateur-personnage**. Petit-Jean de Paimpol décline son identité (l. 2) et parle à la 1re personne du singulier (« Moi qui vous parle », l. 2) ; il s'associe aux autres pirates par les pronoms et adjectifs de la 1re personne du pluriel (« nos lames », l. 18; « Autour de nous », l. 19). Il donne son avis (« un grand flandrin d'Anglais », l. 11 ; « un lascar que je vous recommande », l. 22) et décrit le combat d'un **point de vue interne**, subjectif. Il raconte au présent de narration, dans le feu de l'action.
Mais, à la ligne 24, le combat cesse… faute de narrateur. On comprend que Petit-Jean est mort : il est relayé, dans sa fonction, par un **narrateur situé en dehors de l'histoire** qui désigne Petit-Jean par le terme « un corps » (l. 25), par la 3e personne du singulier (« sa », « ses ») ou par son nom (« songea Petit-Jean », l. 28). Il raconte les faits d'un **point de vue externe** et il utilise les temps du passé.

Des personnages pittoresques

Au premier plan de cet extrait, se trouvent **deux protagonistes**.
D'une part, Petit-Jean présenté en action : deux détails (« poignard entre les dents, épée en main », l. 11) lui donnent un aspect terrible; les verbes de mouvement soulignent sa vitalité; ses paroles, rapportées au style direct, trahissent sa violence. Face à lui, un Anglais, non moins terrifiant (« sec comme le vent du Nord », l. 12), ne lui cède en rien dans la virulence de ses paroles (l. 15).
Le capitaine Miséricorde — caractérisé par sa seule « lorgnette » et son cri de guerre redoutable (l. 9) — se trouve au second plan. Les hommes qui « braillent » (l. 20) servent de figurants, de toile de fond à ce combat fatal.
Chaque personnage assure une fonction différente : Petit-Jean est le **héros**, dont la « mission » (attaquer le bateau anglais) se termine d'une étrange manière. L'Anglais joue le rôle de l'**opposant**. Le capitaine Miséricorde est en position de **destinateur** (il donne à Petit-Jean sa mission). C'est faute d'**adjuvant**, d'aide, que Petit-Jean est envoyé au fond des mers.

Une action mouvementée

Le **schéma narratif** suit les étapes traditionnelles du récit d'aventures : la **situation initiale** (« *La Désillusion* vogue », l. 3) est perturbée par l'apparition des Anglais (l. 6), qui sert de **déclencheur** à l'action. Lui succède une série de péripéties (l'abordage, le combat…) qui mènent à une **situation finale** où silence et immobilité sont recouvrés. Petit-Jean fait un bref retour en arrière (l. 21-22). L'action est rehaussée par une bande sonore trépidante qui mêle onomatopées (« clic, clac »), **dialogue** vif et **descriptions** colorées.

RETENIR

Dans une narration*, un narrateur met en scène des personnages pour raconter une histoire, une suite d'événements.

1. Le narrateur* et le point de vue*.
Le **narrateur** est différent de l'**auteur** (la personne réelle qui a écrit le texte).
Le narrateur est celui qui raconte l'histoire, qui présente faits et personnages.
Il peut se situer :

• en dehors de l'histoire
Il utilise alors les pronoms *il* ou *elle*, il ne participe pas aux événements.
— Il peut s'effacer complètement de l'histoire, raconter de façon **impartiale**.
➤ « *Cacambo prit la robe de jésuite.* » (d'après Voltaire)
— Il peut apparaître, par endroits, à travers des **commentaires**, des jugements.
➤ « *Cacambo, <u>qui en avait vu bien d'autres,</u> [...] prit la robe de jésuite.* » (Voltaire)

• dans l'histoire
Il utilise le pronom *je*, c'est un personnage de l'histoire (**narrateur-personnage**).
➤ « *<u>Moi, Cacambo, je</u> pris la robe de jésuite.* » (d'après Voltaire)

Le **point de vue** est la position qu'adopte le narrateur pour raconter. Il peut être :

• **omniscient :** Le narrateur voit et sait *tout*, se déplace dans le temps et l'espace.

• **interne :** Le narrateur voit et sait ce que perçoit *subjectivement** un personnage.

• **externe :** Le narrateur voit et sait ce que verrait *objectivement** une caméra.

EXERCICES 1 À 3

2. Les personnages.
Le personnage est un être fictif. Pour l'analyser, il faut se demander :

• Qui est-il ? ➤ *Est-ce un être humain ? un animal ? un objet personnifié ?...*

• Quelles sont ses caractéristiques ? ➤ *Nom, origine, aspect physique...*

• Quelle est sa fonction* dans la narration ? Il peut accomplir l'action (c'est le **héros**), être recherché (c'est l'**objet**), aider le héros (c'est l'**adjuvant**), s'opposer au héros (c'est l'**opposant**), donner une mission (c'est le **destinateur**).

EXERCICES 4 ET 5

3. L'action et le schéma narratif*.
Étudier une narration, c'est analyser comment des événements transforment une situation de départ en une nouvelle situation.

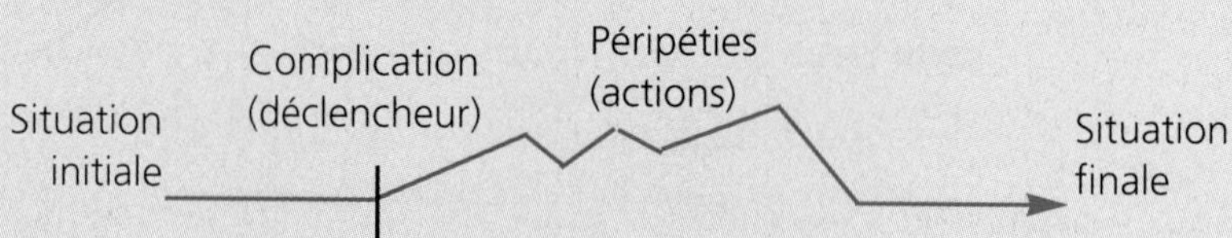

Le plus souvent, le schéma narratif suit l'ordre chronologique ; parfois, le narrateur effectue des **retours en arrière** (ou flash-back).

EXERCICE 6

4. Narration, description* et dialogue s'associent dans le **récit***.

EXERCICE 7

S'EXERCER ET RÉDIGER

1 Identifier narrateur et point de vue

Exercice 1

Distinguer auteur, narrateur et personnage.

Leçon de géographie

À plat ventre dans le pré, Delphine et Marinette étudiaient leur géographie dans le même livre, et il y avait un canard qui allongeait le cou entre leurs deux têtes pour regarder les cartes et les images. C'était un joli canard. Il avait la tête et le col bleus, le jabot couleur de rouille et les ailes rayées bleu et blanc. Comme il ne savait pas lire, les petites lui expliquaient les images et lui parlaient des pays dont le nom était marqué sur les cartes.

Marcel Aymé, *Les Contes bleus du chat perché*, « Le canard et la panthère » (1963), éd. Gallimard.

1. Qui est l'auteur de ce récit ?
Le narrateur* est-il en dehors de l'histoire ou dans l'histoire ?
Combien y a-t-il de personnages ?

2. Écriture. Récrivez ce passage en utilisant un narrateur-personnage*.

Exercice 2

Identifier le type de narrateur.

Texte 1. Les trois cartes

Hermann est devenu fou. Il est à l'hôpital Oboukov, au numéro 17, ne répond à aucune question et marmotte très rapidement : « Trois, sept, as ! Trois, sept, dame !... »

Lisavéta Ivanovna a épousé un jeune homme très aimable. Il est fonctionnaire et possède une assez jolie fortune ; c'est le fils de l'ancien intendant de la vieille comtesse.

Alexandre Pouchkine, *La Dame de pique* (1833), trad. A. Schiffrin et A. Gide, *in* R. Caillois, *Anthologie du fantastique*, éd. Gallimard.

Texte 2. La récitation

C'est la leçon de récitation... je regarde la main de la maîtresse, son porte-plume qui descend le long de la liste de noms... hésite... si elle pouvait aller plus bas jusqu'à la lettre T ?... elle y arrive, sa main s'arrête, elle lève la tête, ses yeux me cherchent, elle m'appelle...

J'aime sentir cette peur légère, cette excitation... Je sais très bien le texte par cœur, je ne risque pas de me tromper, mais il faut surtout que je parte sur le ton juste... voilà, c'est parti...

N. Sarraute, *Enfance* (1970), éd. Gallimard.

Texte 3. « Enterrement demain »

Aujourd'hui, maman est morte. Ou peut-être hier, je ne sais pas. J'ai reçu un télégramme de l'asile : « Mère décédée. Enterrement demain. Sentiments distingués. » Cela ne veut rien dire. C'était peut-être hier.

L'asile de vieillards est à Marengo, à quatre-vingts kilomètres d'Alger. Je prendrai l'autobus à deux heures et j'arriverai dans l'après-midi.

Albert Camus, *L'Étranger* (1942), éd. Gallimard.

Texte 4. La naissance de Gargantua

L'enfant [...] entra en la veine creuse[1], et, gravant[2] par le diaphragme jusqu'au dessus des épaules (où ladite veine se part[3] en deux), prit son chemin à gauche, et sortit par l'oreille senestre[4]. Soudain qu'il fut né, ne cria comme les autres enfants : « Mies ! mies ! », mais à haute voix s'écriait : « À boire ! à boire ! à boire ! », comme invitant tout le monde à boire [...]. Je me doute que vous ne croyez assurément cette étrange nativité. Si ne le croyez, je ne m'en soucie, mais un homme de bien, un homme de bon sens, croit toujours ce qu'on lui dit et qu'il trouve par écrit.

Rabelais, *Gargantua*, VI (1535).

1. Veine cave.
2. Grimpant.
3. Se partage.
4. Gauche.

Texte 5. Micromégas le Sirien

Micromégas, après avoir bien tourné, arriva dans le globe de Saturne. [...] Il ne put d'abord, en voyant la petitesse du globe et de ses habitants, se défendre de ce sourire de supériorité qui échappe quelquefois aux plus sages. Car enfin Saturne n'est guère que neuf cents fois plus gros que la Terre, et les citoyens de ce pays-là sont des nains qui n'ont que mille toises de haut ou environ. Il s'en moqua un peu d'abord avec ses gens, à peu près comme un musicien italien se met à rire de la musique de Lulli quand il vient en France. Mais comme le Sirien avait un bon esprit, il comprit bien vite qu'un être pensant peut fort bien n'être pas ridicule pour n'avoir que six mille pieds de haut.

Voltaire, *Micromégas* (1752).

Choisissez la phrase qui caractérise le mieux le narrateur* dans chaque extrait. Justifiez vos réponses.

a) *Il ne participe pas aux événements et reste impartial.*

b) *Il est en dehors de l'histoire, mais donne son avis et prend à partie le lecteur.*

c) *C'est un personnage de l'histoire, il fait comprendre les faits de l'intérieur.*

d) *Il est absent de l'histoire, mais apparaît à travers certaines réflexions.*

e) *Il est narrateur-personnage, mais reste objectif, neutre, froid.*

Exercice 3

Étudier le point de vue.

Texte 1. Le baptême du feu

Tout à coup, on partit au grand galop. [...] Fabrice entendit un cri sec auprès de lui : c'étaient deux hussards qui tombaient atteints par des boulets ; et, lorsqu'il les regarda, ils étaient déjà à vingt pas de l'escorte. Ce qui lui sembla horrible, ce fut un cheval tout sanglant qui se débattait sur la terre labourée, en engageant ses pieds dans ses propres entrailles ; il voulait suivre les autres : le sang coulait dans la boue.

« Ah ! m'y voilà donc enfin au feu ! » se dit-il.

Stendhal, *La Chartreuse de Parme*, I, 3 (1839).

Texte 2. L'odeur du bois

C'est par une belle journée de mars, comme il était assis sur un tas de bûches de hêtre qui craquaient au soleil, qu'il prononça pour la première fois le mot « bois ». [...] Grenouille était assis sur ce tas, jambes allongées, le dos appuyé à la paroi de la grange ; il avait fermé les yeux et ne bougeait pas. Il ne voyait rien. Il n'entendait et ne ressentait rien. Il sentait uniquement l'odeur du bois qui montait autour de lui. [...] Il buvait cette odeur, il s'y noyait, s'en imprégnait par tous ses pores et jusqu'au plus profond, devenait bois lui-même [...] jusqu'à ce qu'au bout d'un long moment, une demi-heure peut-être, il éructe enfin le mot « bois ». [...] C'est ainsi qu'il apprit à parler. [...] Son maître d'école jugea qu'il était imbécile.

Mme Gaillard, en revanche, remarqua chez lui certaines capacités et particularités très peu communes, pour ne pas dire surnaturelles.

Patrick Süskind, *Le Parfum* (1986), éd. A. Fayard.

Texte 3. Le navire partit

Le 15 septembre 1840, vers six heures du matin, *la Ville-de-Montereau*, près de partir, fumait à gros tourbillons devant le quai Saint-Bernard.

Des gens arrivaient hors d'haleine ; des barriques, des câbles, des corbeilles de linge gênaient la circulation ; les matelots ne répondaient à personne ; on se heurtait ; les colis montaient entre les deux tambours, et le tapage s'absorbait dans le bruissement de la vapeur [...]. Enfin le navire partit [...]. Un jeune homme de dix-huit ans, à longs cheveux et qui tenait un album sous son bras, restait auprès du gouvernail, immobile.

Flaubert, *L'Éducation sentimentale*, I, 1 (1869).

Choisissez la phrase qui caractérise le mieux le point de vue* du narrateur dans chaque extrait. Justifiez vos réponses.

a) *Il sait tout, il se déplace dans le temps et l'espace* (point de vue omniscient).

b) *Il raconte ce que verrait l'objectif d'une caméra* (point de vue externe).

c) *Il ne raconte que ce que voit et ressent un personnage* (point de vue interne).

2 Identifier les personnages

EXERCICE 4

Exploiter les caractéristiques des personnages.

Panique à l'école

Le maître était un Grec qui s'appelait en réalité Xanthos. Les gamins l'avaient surnommé Xantippe, en souvenir de feu Xantippe, l'épouse du fameux philosophe Socrate. Femme acariâtre, racontait-on, qui était toujours de mauvaise humeur et avait mené la vie dure à son infortuné mari. Xanthos, lui aussi, était toujours de mauvaise humeur et menait la vie dure à ses pauvres élèves. Il exigeait beaucoup d'eux, en particulier une discipline exemplaire. Mais il ne les battait jamais, car il connaissait d'autres méthodes pour se faire respecter. Il pouvait d'ailleurs se permettre d'être sévère, et même parfois tyrannique. Son savoir était immense […].

À l'aube, lorsqu'ils arrivèrent à l'école, les jeunes garçons furent étonnés de ne pas y trouver leur maître […]. En se disant qu'il allait surgir d'un instant à l'autre, les élèves se débarrassèrent silencieusement de leurs affaires et prirent place sur les bancs […]. De longues minutes s'écoulèrent, et les jeunes garçons commencèrent à s'inquiéter. […]

« Il est peut-être malade ? suggéra Jules.

— S'il était malade, dit Mucius, il nous aurait certainement appelés.

— Et si on l'avait assassiné ?... »

Le petit Flavien qui n'était guère courageux se leva à demi de son banc et lança un regard anxieux vers le rideau.

« Allons ! Allons ! fit Mucius sur un ton désapprobateur. Ne dis pas de bêtises ! Qui donc aurait bien pu assassiner Xantippe ?

— Lukos ! » souffla Antoine. […]

Lukos était un célèbre astrologue et voyant, qui se prétendait originaire d'Alexandrie et s'était installé à Rome deux ans auparavant. Des bruits extraordinaires couraient sur son compte. On le disait doué de pouvoirs surnaturels, car il avait su prévoir d'importants événements politiques. Certains affirmaient même qu'il pratiquait la magie et pouvait jeter des sorts.

Les jeunes garçons parlaient souvent de ce mystérieux Lukos dont la maison était située juste en face de l'école. C'était une haute bâtisse sévère, sans fenêtres, qui dominait les petites boutiques avoisinantes. Un grand panneau était fixé au mur, à droite de la porte d'entrée, et l'on y lisait ces mots tracés en lettres rouge sang :

LUKOS
Astrologue diplômé,
Membre de l'Académie d'Alexandrie,
Ex-devin particulier du Roi de Perse,
Consultations : tous les soirs
après le coucher du soleil.
Entrée interdite aux mendiants
et aux colporteurs.
(Danger de mort !)

[…] Publius allait intervenir dans la discussion lorsque ses yeux tombèrent sur le mur, derrière le pupitre de Xantippe, et il s'écria :

« Tiens ! la tablette a disparu ! »

Ses camarades ne comprirent pas tout de suite ce qu'il voulait dire, puis ils se souvinrent de la tablette de cire sur laquelle Rufus avait écrit : « Caïus est un âne. » Elle avait effectivement disparu.

HENRY WINTERFELD, *L'Affaire Caïus* (1953), éd. Hachette, trad. Olivier Séchan.

1. Faites la liste de tous les personnages qui apparaissent dans cet extrait.
Pour chacun, relevez ses caractéristiques (nom, âge approximatif, activité, caractère).

2. Quel événement majeur est ici raconté ? Délimitez les passages narratifs : quels personnages interviennent directement ?

3. Quels sont les deux personnages qui, absents, font l'objet d'une description* ? Quels détails permettent de deviner leur rôle futur dans la narration* ?

4. Écriture. Inventez la suite de l'histoire où tous les personnages se rencontreront. Votre texte sera écrit au passé.

EXERCICE 5

Identifier la fonction des personnages.

La femme battue

« Secourez-moi, s'écria-t-elle à Zadig avec des sanglots ; tirez-moi des mains du plus barbare des hommes, sauvez-moi la vie ». À ces cris Zadig courut se jeter entre elle et ce barbare. Il avait quelque connaissance de la langue égyptienne. Il lui dit en cette langue : « Si vous avez quelque humanité, je vous conjure de respecter la beauté et la faiblesse. Pouvez-vous outrager ainsi un chef-d'œuvre de la nature, qui est à vos pieds, et qui n'a pour défense que les larmes ? — Ah ! Ah ! lui dit cet emporté, tu l'aimes donc aussi ; et c'est de toi qu'il faut que je me venge. » En disant ces paroles, il laisse la dame qu'il tenait par les cheveux, et, prenant sa lance, il veut en percer l'étranger. Celui-ci, qui était de sang-froid, évita aisément le coup d'un furieux. Il se saisit de la lance près du fer dont elle est armée. L'un veut la retirer, l'autre l'arracher. Elle se brise entre leurs mains. L'Égyptien tire son épée ; Zadig s'arme de la sienne. Ils s'attaquent l'un l'autre [...]. Tandis que l'Égyptien, devenu plus furieux, veut se jeter sur lui, il le saisit, le presse, le fait tomber en lui tenant l'épée sur la poitrine ; il lui offre de lui donner la vie. L'Égyptien, hors de lui, tire son poignard ; il en blesse Zadig dans le temps même que le vainqueur lui pardonnait. Zadig, indigné, lui plonge son épée dans le sein. L'Égyptien jette un cri horrible et meurt en se débattant.

VOLTAIRE, *Zadig*, 9 (1747).

1. Quelle est la fonction* des différents personnages ? Identifiez le héros*, l'objet* et l'opposant*.

2. Relevez les termes mélioratifs* qui font du héros un personnage parfait, de l'objet un bien précieux ; puis les termes péjoratifs* qui font de l'opposant un personnage antipathique.

3. Écriture. Imaginez la suite de cette aventure en conservant le même héros et le même objet, mais en changeant l'opposant.

3 Discerner le schéma narratif

EXERCICE 6

Étudier la construction d'une narration.

Le jardinier et le soldat

Mon maître [...] grimpa sans retard sur mon dos et reprit, en sens inverse, la route par laquelle nous étions venus. Mais son retour ne se passa pas sans mal. Car un individu de haute taille, que son vêtement et sa tenue désignaient comme étant un soldat de la légion, nous ayant rencontrés en chemin, demanda, d'un air superbe et arrogant, où l'on conduisait cet âne qui ne portait rien. Mon maître, encore tout bouleversé de chagrin et, d'ailleurs, ignorant le latin, passait sans rien dire, mais le soldat ne put maîtriser son insolence naturelle ; rendu furieux par le silence du jardinier, qu'il considéra comme une insulte, il le frappa avec le cep de vigne qu'il avait à la main et le fit tomber de sur mon dos. Alors le jardinier répondit humblement qu'il ne connaissait pas la langue qu'il parlait et qu'il ne pouvait savoir ce qu'il voulait dire. Alors, le soldat repartit, en grec : « Où conduis-tu cet âne ? » Le jardinier répondit qu'il allait à la ville voisine. « Mais moi, répliqua l'autre, j'ai besoin de ses services [...] » ; puis il s'empara aussitôt de moi et, me saisissant par la bride qui servait à me conduire, il se mit en devoir de m'entraîner. Mais le jardinier, tout en essuyant le sang qui coulait de la blessure qu'il avait reçue tout à l'heure à la tête, recommence à prier, très poliment, le camarade de se conduire avec plus de courtoisie et d'humanité, ajoutant à sa prière des supplications au nom de tout ce que le soldat pouvait espérer d'heureux. « D'ailleurs, ajoutait-il, cet âne est paresseux [...]. » Mais lorsqu'il s'aperçut que le soldat ne se laissait pas attendrir par les prières, mais au contraire, s'emportait de plus en plus contre lui, au point de vouloir le tuer et que, déjà, il avait retourné son cep pour lui fendre le crâne, d'un coup du nœud le plus gros, il recourut aux grands moyens ; faisant semblant de vouloir lui embrasser les genoux pour émouvoir sa pitié, il se baissa, se courba et, saisissant les deux pieds du soldat, le souleva de terre, le fit retomber lourdement et aussitôt, tant à coups de poing qu'à coups de coudes et de dents, et même avec une pierre qu'il ramassa sur le chemin, il lui martela tout le visage, les mains et les côtes. Et l'autre, une fois étendu par terre sur le dos, ne put ni rendre les coups ni même se défendre du tout, mais il se bornait à menacer sans arrêt le jardinier, s'il parvenait à se relever, de le couper en petits morceaux avec son épée. [...] Alors le jardinier, emportant la lame avec lui, monta sur mon dos et, à grande allure, se dirigea vers la ville, sans même prendre le temps de retourner à son jardin, puis il alla demander l'hospitalité à l'un de ses amis. [...] L'autre, fidèle à leur vieille amitié, l'accueille immédiatement ; quant à moi, on me replie les pattes et on me hisse par l'escalier jusque dans une chambre du premier étage.

Apulée, *L'Âne d'or et les Métamorphoses*, IX, 40 (≈ 160 apr. J.-C.), trad. P. Grimal, éd. Gallimard.

1. À quel mot précis du texte pouvez-vous identifier le narrateur* ?
Quelles expressions vous avaient intrigué avant cette découverte ?
De quel type de narrateur s'agit-il ?
Quelle originalité présente-t-il ?

2. Reconstituez le schéma narratif*, en distinguant :
- la situation initiale,
- l'élément déclencheur,
- les diverses péripéties,
- les retournements de situation,
- la situation finale.

3. Écriture. Racontez la journée du lendemain où le jardinier et le narrateur sont confrontés à une nouvelle aventure.
Faites-en deux versions :
a) l'une se situera, comme le texte d'Apulée, au IIe siècle après J.-C. ;
b) l'autre sera transposée au XXe siècle ; vous opérerez les transformations nécessaires.
Les deux versions suivront le même schéma narratif : il faut donc, avant d'écrire, que vous l'établissiez avec soin.

4 Intégrer la narration au récit

Exercice 7

Repérer narration, description et dialogue.

Le Cerf se voyant dans l'eau

Dans le cristal d'une fontaine,
Un Cerf se mirant autrefois
Louait la beauté de son bois,
Et ne pouvait qu'avecque peine
Souffrir ses jambes de fuseaux,
Dont il voyait l'objet[1] se perdre dans les eaux.
« Quelle proportion de mes pieds à ma tête !
Disait-il en voyant leur ombre avec douleur :
Des taillis les plus hauts mon front atteint le faîte ;
Mes pieds ne me font point d'honneur. »
Tout en parlant de la sorte,
Un Limier[2] le fait partir ;
Il tâche à se garantir[3] ;
Dans les forêts il s'emporte[4].
Son bois, dommageable ornement,
L'arrêtant à chaque moment,
Nuit à l'office que lui rendent
Ses pieds, de qui ses jours dépendent.
Il se dédit alors, et maudit les présents
Que le Ciel lui fait tous les ans.

Nous faisons cas du beau, nous méprisons l'utile.

Jean de La Fontaine, *Fables*, VI, 9 (1678).

1. Reflet.
2. Chien de chasse.
3. Se mettre à l'abri.
4. Se sauve.

1. Précisez le type de narrateur* et de point de vue*.

2. Quels sont l'identité et le rôle des personnages ?

3. Déterminez le schéma narratif*. Donnez un titre à chaque partie.

4. Distinguez le discours narratif des autres composantes du récit*, en repérant les descriptions* et les paroles rapportées.

5. Écriture. Racontez l'histoire en changeant de narrateur.
Ex. : Le Limier raconte la poursuite aux autres chiens, en se moquant du Cerf.

CHAPITRE 9

Distinguer l'explication et l'argumentation

LIRE ET OBSERVER

Histoire de la médecine

Master Junior, Encyclopédie Hachette éducation, (1992).

Des **informations** sur l'histoire de la médecine

L'art de soigner est connu depuis l'Antiquité, mais il y a tout juste une centaine d'années que nous savons que certaines maladies sont transmises par des microbes. Les recherches de Pasteur sont à la base de la médecine moderne et ont ouvert la voie au traitement des maladies infectieuses, bien que nous ne sachions toujours pas traiter une maladie provoquée par un virus.

De nombreuses autres maladies, comme les rhumatismes, l'asthme, le diabète, les cancers..., ne semblent pas dues à des microbes. Elles provoquent des dérèglements de certaines fonctions, que l'on ne sait pas toujours bien soigner.

Pour espérer les guérir, il faut explorer plus avant le corps humain, comprendre le fonctionnement intime de la cellule. Aujourd'hui, les recherches en biologie permettent de travailler à l'intérieur de la cellule (et du noyau), et l'on comprend mieux l'origine de certaines maladies génétiques et biochimiques.

Une **argumentation** : la médecine ne donne-t-elle pas trop de pouvoirs à l'homme ?

Les progrès de la médecine ont multiplié les pouvoirs de l'homme sur la vie ; la naissance du premier bébé éprouvette, en 1978, a frappé les imaginations. Pour la première fois, des techniques biologiques de laboratoire prenaient la place de la nature. Il ne s'agissait pourtant nullement de manipulations génétiques. Mais demain, ces manipulations réalisées sur l'animal ne pourraient-elles pas l'être sur l'homme ? On comprend que la société se pose un problème moral.

Une **explication** sur le comité d'éthique

Aussi de nombreux pays, dont la France, se sont dotés d'un comité d'éthique : une assemblée de scientifiques, de philosophes, de représentants de la loi ou des religions. Des hommes et des femmes choisis pour réfléchir sur ces questions et émettre un avis pour l'ensemble de leurs concitoyens. ■

— Des termes médicaux
Une interrogation
Des repères temporels
Des connecteurs logiques

Analyser et rédiger

- Dans les trois premiers paragraphes, le but de l'auteur est de communiquer des **informations** : dates des grandes avancées médicales, classification des types de maladies. Des repères temporels (« depuis l'Antiquité », « une centaine d'années », « Aujourd'hui ») soulignent l'organisation chronologique du texte. Le pronom personnel « nous » (l. 2, 5) a une valeur très générale, il ne signale pas une intervention personnelle de l'auteur.
- Dans le quatrième paragraphe, l'énonciateur sort de sa réserve et émet une **opinion** en signalant que les progrès de la médecine pourraient un jour avoir des conséquences graves pour l'homme. Les connecteurs logiques « pourtant » (l. 19), « Mais » (l. 20) signalent l'amorce de son **argumentation**. Le mot « manipulation » (l. 20) est un indice de son jugement dans la mesure où il peut avoir le sens péjoratif de domination exercée sur un groupe. La tournure interrogative et le pronom indéfini « On » (l. 22) sont autant de moyens d'associer le lecteur à la réflexion.
- Le dernier paragraphe est consacré à une **explication** objective sur la composition et le rôle du comité d'éthique. L'énonciateur le présente sans porter de jugement.

RETENIR

On a recours à la narration* et à la description* lorsqu'on veut raconter des événements ou décrire leurs circonstances. Mais il existe d'autres **formes de discours*** qui correspondent à des intentions d'écriture différentes.

1. De l'information à l'explication*

On peut écrire avec la volonté d'**informer**, de transmettre des connaissances ou d'**expliquer** un processus.
On trouve cette forme de discours dans les manuels de biologie, d'histoire ou dans les encyclopédies. L'énonciateur*, celui qui parle, est généralement absent de son texte, qui reste donc **objectif***

EXERCICES 1 À 3

2. L'argumentation*

On peut écrire pour défendre une opinion personnelle.
Le texte énonce alors la **thèse***, le point de vue de l'auteur et met en place une **argumentation** pour convaincre le lecteur (cf. CHAPITRE 10). Le discours argumentatif porte généralement les marques de la **présence de l'énonciateur** et parfois du **destinataire***, celui à qui l'on parle. Ces marques subjectives peuvent être :

- des pronoms personnels *(je, tu, nous...)*,
- un vocabulaire appréciatif (qui porte un jugement péjoratif* ou mélioratif*),
- des tournures syntaxiques (interrogation, exclamation...).

EXERCICES 4 À 6

3. La combinaison des formes de discours au sein d'un texte

Il est bon de savoir distinguer les différents discours (narratif, descriptif, informatif, explicatif, argumentatif) au sein d'un texte. Il existe rarement des textes « purs » : la richesse d'un texte vient de la combinaison de ces discours.

EXERCICES 7 À 9

S'EXERCER ET RÉDIGER

1 Reconnaître l'information et l'explication

EXERCICE 1

Trouver et classer des informations.

Le roman policier

Lisez le texte « *Le roman policier* » (Chapitre 2, Exercice 9, p. 22)

1. Quelle est l'intention de l'auteur de l'article ?

2. L'auteur est-il présent dans son texte ? Justifiez votre réponse et précisez à quelle forme de discours* on peut rattacher cet article.

3. Quels renseignements les caractères gras mettent-ils en relief ? Quels autres éléments sont mis en relief par une typographie* particulière ?

4. Associez, à chaque nom d'auteur, le titre d'un de ses ouvrages et le nom du personnage de détective qu'il a créé.

5. Dans quel paragraphe trouverez-vous des informations pour répondre à la question suivante :
Quelles sont les constantes que l'on retrouve dans les romans policiers ?
Relevez-les.

6. Écriture. Préparez un exposé sur le roman de science-fiction. Vous adopterez un plan chronologique pour faire l'historique de ce genre *(20 lignes)*.

EXERCICE 2

Repérer informations et explications.

L'invention du temps

La communauté rurale conserve au XIXe siècle les traits qui sont les siens depuis le Moyen Âge. Peu ouverte sur l'extérieur, elle se trouve dans le meilleur des cas au voisinage d'une ville et de son marché, principal lien entre ces deux mondes profondément étrangers l'un à l'autre. La journée du paysan varie peu. Il se lève et se couche avec le Soleil. La cloche de l'église sonne le matin et le soir l'angélus, qui fait sortir les paysans aux champs, puis les rappelle. Elle sonne parfois aussi les heures. Le dimanche, tout le village se rassemble pour la messe. Un temps immuable fait du respect des traditions et de la peur du lendemain s'écoule. Le calendrier est le rythme fondamental de la vie paysanne.

La journée reste jusqu'à l'apparition des premières machines à la fin du siècle une unité de travail presque indivisible. L'heure n'est pas utilisée, c'est une division du temps trop petite pour les campagnes. [...]

La construction au XIXe siècle de routes nouvelles et surtout celle du chemin de fer, en désenclavant les campagnes, viennent modifier cet équilibre instable entre les villes et les campagnes au profit des premières et de leur temps.

Les États centralisés avaient fait plusieurs tentatives, dès le début du XIXe siècle, pour étendre l'heure de leur capitale à tout leur territoire. Une loi anglaise de 1811 décréta ainsi que la seule heure légale en Angleterre était celle de l'observatoire de Greenwich. Jusqu'à cette date, et même bien au-delà, chaque ville, chaque village avait sa propre heure, réglée sur le Soleil grâce à un cadran solaire, et qui ne dépendait donc que de la longitude du lieu.

Du fait de la rotation de la Terre, il existe une différence entre le midi observé au Soleil suivant qu'on se déplace vers l'est ou vers l'ouest. À cause de ce phénomène naturel, l'horloge de Strasbourg, par exemple, avançait de 49 minutes sur celle de Brest. Personne n'en avait été gêné tant qu'il fallait plusieurs jours pour parcourir ces distances. Mais le chemin de fer, en réduisant l'espace, rendait indispensable la coordination des temps : plus personne n'admettait de régler sa montre à chaque station. Les États ne réagirent pas toujours immédiatement à cette unification de fait de l'heure sur tout le territoire d'une nation. En France, où la décision ne fut votée qu'en 1891, les petites villes et les campagnes conservèrent longtemps leur heure locale. Là où il y avait une gare, on put ainsi voir deux horloges indiquer presque en face l'une de l'autre des heures différentes. L'heure des Parisiens finit par remplacer, malgré les protestations, celle des provinciaux.

JEAN MATRICON ET JULIEN ROUMETTE,
L'Invention du temps (1989),
éd. de la Cité des sciences et de l'industrie.

1. Après avoir lu attentivement ce texte, dites pour quel sujet d'exposé parmi ceux qui vous sont proposés ci-dessous, cette lecture pourrait vous fournir des informations suffisantes et appropriées.
a) *Les instruments de mesure du temps à travers les âges.*
b) *Les conséquences de la rotation de la Terre.*
c) *Les jours et les heures dans les campagnes au XIXe siècle.*
d) *Le rôle du chemin de fer au XIXe siècle.*

2. Quelles sont les trois caractéristiques de l'écoulement du temps dans les campagnes, selon les auteurs ?
Nommez-les dans l'ordre où elles figurent dans le texte.

3. Quelles explications* sont fournies pour chacune de ces caractéristiques ?

4. Écriture. Résumez les réponses aux questions précédentes en présentant le texte sous forme de plan succinct. Choisissez deux signes typographiques* différents qui vous permettent de bien distinguer les caractéristiques, d'une part, et leurs explications, d'autre part.

EXERCICE 3

Exploiter une explication dans un récit.

Voyage interplanétaire

Jinn et Phyllis passaient des vacances merveilleuses, dans l'espace, le plus loin possible des astres habités. [...]

Leur navire était une sorte de sphère dont l'enveloppe — la voile — miraculeusement fine et légère, se déplaçait dans l'espace, poussée par la pression des radiations lumineuses. Un tel engin, abandonné à lui-même dans le voisinage d'une étoile (assez loin cependant pour que le champ de gravitation[1] ne soit pas trop intense) se dirigera toujours en ligne droite dans la direction opposée à celle-ci. [...] Jinn avait alors imaginé un procédé extrêmement ingénieux pour se diriger. Sa voile était doublée intérieurement par une série de stores noirs, qu'il pouvait enrouler ou dérouler à volonté, ce qui changeait la résultante[2] des pressions lumineuses, en modifiant le pouvoir réflecteur[3] de certaines sections. De plus, cette enveloppe élastique pouvait se dilater ou se contracter au gré du navigateur. Ainsi, quand Jinn désirait accélérer l'allure, il lui donnait le plus grand diamètre possible. Elle prenait alors le souffle des radiations sur une surface énorme et le vaisseau se précipitait dans l'espace à une vitesse folle, qui donnait le vertige à son amie Phyllis : un vertige qui le saisissait à son tour et qui les faisait s'étreindre passionnément, le regard perdu au loin vers les abîmes mystérieux où les entraînait leur course.

PIERRE BOULLE, *La Planète des singes* (1963),
éd. Julliard.

1. Espace où les corps s'attirent.
2. Somme.
3. Qui réfléchit.

1. À quel genre littéraire est emprunté cet extrait ? Quelle est, à votre avis, l'intention de l'auteur dans ce passage ?

2. Identifiez deux passages narratifs. Quelle remarque pouvez-vous faire sur leur place dans l'extrait ?

3. À quelle autre forme de discours* appartient le reste du texte ?
a) Relevez les connecteurs* logiques. Quel est leur rôle ?
b) Relevez le vocabulaire spécialisé. Pourquoi, selon vous, l'auteur utilise-t-il ce champ lexical* ?

4. Écriture. Expliquez, en vous aidant de votre cours de physique, ce qui se passe lorsque la foudre tombe. Intégrez cette brève explication* *(10 lignes)* à un récit*.

2 Découvrir l'argumentation

Rédigez un paragraphe organisé *(environ 10 lignes)* pour exposer clairement votre propre point de vue.

Exercice 4

Repérer la présence de l'énonciateur.

Un homme sans mémoire

Le mépris de l'Histoire, et singulièrement de l'Histoire récente, est d'abord un mépris de soi-même qu'il ne faudrait, ni encourager ni même tolérer.

C'est vrai qu'ils sont pesants, les morts, et particulièrement en ces jours de novembre où les conventions sociales obligent par deux fois à les honorer, à les commémorer, à les fleurir, en privé, en public, individuellement, collectivement. Ce poids qui, deux fois l'an nous courbe les épaules, nous incline devant des tombes ou des monuments, mesurons-nous de combien d'efforts, de combien de sacrifices, de combien d'hommes et de femmes semblables à nous, meilleurs, moins bons, il est fait ?

Un homme sans mémoire est un homme sans identité. L'amnésie[1] des nations n'est pas moins grave. Un peuple sans passé n'est plus qu'une fourmilière. Un arbre déraciné est un arbre mort.

Le Quotidien de Paris (12-13 nov. 1983).

1. Diminution ou perte totale de la mémoire.

1. Quelle est l'intention de l'auteur de cet article ?
a) *Raconter la commémoration qui s'est déroulée à Paris, le 12 novembre 1983.*
b) *Mettre en garde contre l'oubli du passé.*
c) *Constater l'augmentation inquiétante du nombre des amnésiques.*

2. L'auteur est-il présent dans son texte ? Citez les marques, temporelles ou personnelles, qui vous ont permis de répondre.

3. L'auteur condamne-t-il l'attitude de ses contemporains ou l'approuve-t-il ? Trouvez un adjectif et deux métaphores* qui sont des indices de son jugement.

4. Écriture. Vous semble-t-il important de vous intéresser à l'histoire de votre pays ?

Exercice 5

Repérer le lexique péjoratif ou mélioratif.

L'art de lire

La lecture-vice est propre aux êtres qui trouvent en elle une sorte d'opium et s'affranchissent du monde réel en plongeant dans un monde imaginaire. Ceux-là ne peuvent rester une minute sans lire ; tout leur est bon ; ils ouvriront au hasard une encyclopédie et y liront un article sur la technique de l'aquarelle avec la même voracité qu'un texte sur les machines à feu. Laissés seuls dans une chambre, ils iront droit à la table où se trouvent des revues, des journaux et attaqueront une colonne quelconque, en son milieu, plutôt que de se livrer un instant à leurs propres pensées. Ils ne cherchent dans la lecture ni des idées, ni des faits, mais ce défilé continu de mots qui leur masque le monde et leur âme. De ce qu'ils ont lu, ils retiennent peu de substantifique moelle ; entre les sources d'information, ils n'établissent aucune hiérarchie de valeurs. La lecture pratiquée par eux est toute passive : ils subissent les textes ; ils ne les interprètent pas ; ils ne leur font pas place dans leur esprit ; ils ne les assimilent pas.

La lecture-plaisir est déjà plus active. Lit pour son plaisir l'amateur de romans qui cherche dans les livres, soit des impressions de beauté, soit un réveil et une exaltation de ses propres sentiments, soit des aventures que lui refuse la vie. Lit pour son plaisir celui qui aime à retrouver dans les moralistes et les poètes, plus parfaitement exprimées, les observations qu'il a faites lui-même, ou les sensations qu'il a éprouvées. Lit pour son plaisir enfin celui qui, sans étudier telle période définie de l'histoire, se plaît à constater l'identité, au cours des siècles, des tourments humains. Cette lecture-plaisir est saine.

André Maurois, *Un art de vivre*

1. L'auteur oppose deux façons de lire un livre. Comment appelle-t-il ces deux types de lecture ? À laquelle semble aller sa préférence ?

2. *a)* Relevez dans le premier paragraphe huit termes péjoratifs*. Expliquez leur fonction dans cette première partie du texte.
b) Relevez deux termes mélioratifs* dans le deuxième paragraphe. Expliquez leur emploi.

3. Pour quelles raisons, selon l'auteur, peut-on éprouver plaisir à lire un livre ?

4. À quelle forme de discours* appartient ce texte ? Justifiez votre choix en vous appuyant sur vos réponses aux questions précédentes.

5. **Écriture.** Rédigez un bref paragraphe *(10 lignes)* pour défendre le point de vue selon lequel la lecture peut être, pour vous, une source de plaisir. Avant d'écrire, trouvez des expressions mélioratives* qui exprimeront votre adhésion à cette thèse*.

EXERCICE 6

Retrouver la thèse et les arguments.

L'humain en question

En cette fin de XXe siècle, nous sommes confrontés à des interrogations douloureuses liées aux avancées majeures de la biologie et de la médecine survenues dans les vingt dernières années. Une atmosphère de pessimisme entoure ce qui n'aurait dû être qu'un immense espoir. Chaque nouveau progrès, plus particulièrement dans le domaine de la génétique, est d'abord reçu avec une certaine angoisse : la science va-t-elle modifier, selon son gré, l'homme ?

Pourtant, cette même science a repoussé les limites de la mort. La découverte des antibiotiques — en 1937 — assure la guérison des infections bactériennes et tuberculeuses. Plus récemment, les transplantations d'organes ou de moelle osseuse, ont permis à des malades de survivre avec un organe étranger (rein, cœur, foie, moelle osseuse...). Ainsi, la fatalité d'être diabétique, rhumatisant, victime d'infarctus du myocarde, pourrait ne plus être. Aujourd'hui, cela vaut, tant pour les maladies les plus répandues que pour les maladies rares que sont les pathologies génétiques. Désormais, la stérilité, les maladies cérébrales, par exemple, sont ou seront soignées avec efficacité.

CLAUDE MAURAS, *Les Clés de l'actualité* (n° 55, mai 1993), Milan Presse.

1. De quel grand débat de société ce texte se fait-il l'écho ?

2. Relevez les termes qui expriment la position du grand public à propos des progrès de la médecine.

3. Quelle est la position de l'auteur ?
a) Quels arguments* oppose-t-il au grand public ?
b) Relevez deux connecteurs* logiques qui soulignent sa démarche.
c) Comment se manifeste la présence de l'énonciateur* dans le texte ?

4. **Écriture.** Rédigez un bref paragraphe *(10 lignes)* pour prendre parti personnellement dans ce débat.

3 Combiner les formes de discours

EXERCICE 7

Repérer deux formes de discours sur le même thème.

TEXTE 1. Une petite pièce de plus

Par une meilleure distribution et en supprimant des cabinets noirs et des placards, on constitua une petite pièce de plus, qui devint ma chambre. Jusque-là je couchais soit dans un cabinet attenant au salon et trop étroit pour qu'on pût en tenir la porte fermée pendant la nuit, soit dans le cabinet des robes déjà encombré de meubles, et je travaillais sur la table de la salle à manger. Justine interrompait sans respect mes travaux pour mettre le couvert, et la substitution des plats, des assiettes et de l'argenterie aux livres, aux cahiers et à l'encrier ne s'opérait jamais sans trouble. Dès que j'eus une chambre, je ne me reconnus plus. D'enfant que j'étais la veille, je devins un jeune homme. Mes idées, mes goûts s'étaient formés en un moment. J'avais une manière d'être, une existence propre [...]. Dès que j'eus une chambre à moi, j'eus une vie intérieure. Je fus capable de réflexion, de recueillement.

ANATOLE FRANCE, *Le Petit Pierre* (1919), éd. Calmann-Lévy.

TEXTE 2. L'espace du dedans

L'enfant, puis l'adolescent, dépassent rapidement toutes les frontières qui ont pu leur être fixées ; ils envahissent le monde qu'ils vont bientôt conquérir. Ils découvrent la vie adulte, les lieux cachés, interdits, toute une vie bouillonnante, attirante, mystérieuse. Ils sortent de la maison, ils ne sont plus les habitants de l'espace du dedans ; ils sont citoyens d'une terre qu'ils vont pouvoir découvrir grâce aux vacances, aux voyages.

Pourtant, la maison restera pour eux un des supports les plus vivaces et les plus riches de leur imaginaire. Tapisseries, tentures, mobilier modeste ou précieux, tout prendra les tonalités nostalgiques du passé. La maison est le port d'attache. Plus elle aura joué son rôle protecteur, plus l'enfant pourra s'en éloigner. Il gardera en lui cette chaleur du foyer, liée aux souvenirs. Même à l'âge adulte, l'espace du dedans reste celui de la quiétude, de la réparation d'énergie, du refuge. Écrivains et poètes n'ont cessé de nous le rappeler.

ANNE DENNER, *La Ville et l'Enfant* (1977), CCI, Centre G. Pompidou.

1. Quel thème ces deux textes ont-ils en commun ?

2. Pourtant, ils utilisent des formes de discours* différentes : lesquelles ? Répondez en vous aidant des questions suivantes :
a) Quelle est l'intention de l'auteur ?
b) À quels temps sont employés les verbes ?
c) Le texte est-il organisé de façon chronologique ou logique ?
Relevez des termes précis.

3. Écriture. Pour traiter chacun des deux sujets de rédaction suivants, écrirez-vous un paragraphe argumentatif, descriptif ou narratif ?
a) *Pensez-vous, comme Anatole France, qu'avoir une chambre à soi permet d'avoir une existence propre, une vie intérieure ?*
b) *Décrivez votre chambre, en montrant en quoi elle est le reflet de votre personnalité ou l'expression du goût de vos parents.*
Traitez un des deux sujets au choix.

EXERCICE 8

Raconter, décrire et expliquer.

Les étoiles filantes

Tandis que les voyageurs cherchaient à percer les profondes ténèbres de l'espace, un bouquet étincelant d'étoiles filantes s'épanouit à leurs yeux. Des centaines de bolides, enflammés au contact de l'atmosphère, rayaient l'ombre de traînées lumineuses et zébraient de leurs feux la partie cendrée du disque. À cette époque, la terre était dans son périhélie[1], et le mois de décembre est si propice à l'apparition de ces étoiles filantes, que des astronomes en ont compté jusqu'à vingt-quatre mille par heure. Mais Michel Ardan, dédaignant les raisonnements scientifiques, aima mieux croire que la Terre saluait de ses plus brillants feux d'artifice le départ de trois de ses enfants.

JULES VERNE, *Autour de la lune* (1870).

1. Position particulière d'une planète par rapport au Soleil.

1. Distinguez dans cet extrait les passages narratif, descriptif, explicatif.

2. Écriture. Pour faire chacun des deux exercices suivants, écrirez-vous un texte narratif, descriptif, explicatif ou argumentatif ?
a) *Inventez une légende dont la phrase finale sera : « Et c'est depuis ce jour que l'on peut observer des étoiles filantes dans le ciel. »*
b) *Quelle explication les scientifiques proposent-ils au phénomène des étoiles filantes ?*
Traitez un des deux sujets au choix.

EXERCICE 9

Raconter et convaincre.

Les leçons d'Auschwitz

En 1975, devant le camp d'Auschwitz, le président de la République française prononça le discours suivant.

Devant nous s'étend une des cicatrices les plus cruelles infligées à la civilisation des hommes. Ici, dans cette calme campagne polonaise, la barque de l'humanité a sombré.

Tout a commencé il y a trente-cinq ans. Une animation inhabituelle régnait dans le petit village d'Oswieciem. Des travaux de terrassement étaient entrepris, des baraquements construits. C'était le printemps. La terre retournée était pleine de racines et de fleurs. La population travaillait de son côté dans les champs, rentrait tard le soir, les hommes essuyaient la sueur de leurs bras, sans se douter qu'au milieu d'eux s'organisait le génocide calculé de plusieurs millions d'êtres humains. [...]

Si nous sommes venus ici ensemble, Monsieur le Premier secrétaire du Parti Ouvrier Unifié Polonais, c'est parce que nous ressentions quelque chose qui nous rapproche, et que je vais tenter de vous dire. [...] Nous qui appartenons à des systèmes politiques et sociaux différents, mais que nous respectons, et qui même — je le dis dans ce lieu de la haine — nous aimons, il me semble que nous devons marquer notre action de deux traits communs : *Inspirer à la jeunesse du monde l'horreur de cette horreur. Et donner partout, en toutes circonstances, sur tous sujets, la primauté à la concertation pacifique sur l'affrontement.*

Inspirer à la jeunesse du monde l'horreur de l'horreur. La jeunesse est tentée par la violence. Elle y voit un instrument de libération et de progrès. Et il est vrai que la violence est une force, et qu'on peut tenter de l'employer. Mais c'est aussi un germe de corruption, qui atteint celui qui l'utilise, et qui dégrade l'objectif qu'elle prétend atteindre. Il ne peut pas y avoir de mode de la violence, parce qu'il suffit d'écouter ici le cri, un seul de ceux qu'y a poussé un homme ou une femme, au moment où il n'avait plus qu'un mètre à parcourir avant l'entrée de la chambre morte, pour être détourné à jamais de chercher dans la violence la moindre étincelle de lumière et de justice. Je suis sûr que la jeunesse du monde aura demain l'horreur de cette horreur. N'attendons pas de dire ce qu'elle pressent déjà.

VALÉRY GISCARD D'ESTAING (1975).

1. Repérez un paragraphe du texte qui corresponde à chacune des intentions de l'auteur qui figurent ci-dessous :
a) *Condamner la violence sous toutes ses formes.*
b) *Rappeler des événements.*
c) *Appeler à une action.*

2. Relevez les marques personnelles qui indiquent une intervention directe de l'énonciateur* dans son texte.
Le destinataire* est-il présent aussi dans ce discours ?

3. Comparez l'enchaînement des phrases dans les paragraphes 2 et 4. Comment expliquez-vous cette différence ?

4. Trouvez deux images qui suggèrent que le chef d'État condamne les événements qui se sont déroulés à Auschwitz.

5. Relevez deux expressions révélant l'opinion que certains jeunes se font à propos de la violence.
Ces termes sont-ils péjoratifs* ou mélioratifs* ?

6. Comment le chef d'État l'analyse-t-il à son tour ?
Quelles expressions permettent de deviner son opinion ?

7. Écriture. Rédigez un paragraphe informatif *(20 lignes)* pour rappeler ce qu'était Auschwitz. Appuyez-vous sur des documents historiques précis.

8. Écriture. Rédigez un paragraphe argumentatif *(20 lignes)* pour défendre la thèse* suivante : *Le recours à la violence est inacceptable.*
Votre paragraphe comportera obligatoirement un argument* que vous justifierez, un exemple* concret et une conclusion.

CHAPITRE

10 Comprendre une argumentation

LIRE ET OBSERVER

Quel avenir pour la famille ?

Bruno Frappat, *Le Monde, Dossiers et documents* (février 1980).

« *La famille est le lieu du bonheur* » (Valéry Giscard d'Estaing). « *Familles, je vous hais !* » (André Gide). Qui a tort, qui a raison ? Personne, en tout cas, n'y échappe. Même les célibataires qui, s'ils ne fondent une famille, sont issus d'une famille. Mais, flattée par les uns, honnie[1] par les autres, la famille ne sait plus très bien, dans les sociétés occidentales quelle est sa mission et quel peut être son avenir. *thèse*

Les secousses ne lui auront pas été épargnées. Citons-en quelques-unes. D'abord le nombre de ses membres diminue. *argument 1* La grande fratrie[2] est une rareté. Les enfants d'un même couple aujourd'hui se comptent sur les deux ou trois premiers doigts d'une main.

Ensuite, les liens se sont distendus entre les générations. *argument 2* Jadis pouvaient cohabiter trois générations (des grands-parents aux petits-enfants). Désormais, c'est un exploit ou une plaie.

La famille a perdu son unité géographique. *argument 3* L'urbanisation, la mobilité des travailleurs à la recherche d'un emploi, ont dispersé les cellules familiales dans le tissu social et territorial. On s'écrit parfois, on se téléphone, mais la fréquence des échanges, globalement, s'est amenuisée. *exemple*

Autre élément de « déstabilisation » de la famille : le travail des femmes. *argument 4* Non que celles-ci soient plus nombreuses à travailler, mais celles d'aujourd'hui le font loin de leur maison, donc de leurs enfants. À quoi s'ajoute le fait que la prise en charge de plus en plus précoce par la collectivité non seulement de l'instruction, mais de l'éducation et même de « l'élevage » des jeunes (crèches, halte-garderies, nourrices), *exemple* contribue à faire éclater — pendant une grande partie de la journée — la cellule familiale. ■

1. Couverte de honte.
2. Ensemble des frères et sœurs d'une famille.

Repérer

Dans cet article, le journaliste Bruno Frappat s'interroge sur la place de la famille dans notre société.

La défense d'une opinion

L'auteur donne son point de vue en énonçant une **thèse**, signalée sur fond rouge dans le texte.

Il propose ensuite des **arguments** pour expliquer son opinion. Ils sont signalés sur fond rose.

Il s'appuie sur des **exemples** signalés sur fond gris.

L'organisation des idées

Des **liens logiques**, encadrés en rouge, montrent l'organisation très rigoureuse des idées.

Analyser et rédiger

- D'après Bruno Frappat, la famille « ne sait plus très bien, dans les sociétés occidentales, quelle est sa mission » (l. 6-7). L'auteur constate que la famille n'a plus la même fonction qu'autrefois et il analyse les raisons qui peuvent expliquer cette crise. Il en énumère quelques-unes, comme la diminution du nombre d'enfants, le relâchement des liens entre les générations, la dispersion géographique, le travail des femmes et sa conséquence directe : le fait que la collectivité prenne de plus en plus en charge l'éducation des enfants.
- On remarque que le texte est très clairement construit en cinq paragraphes distincts. Le premier joue le rôle d'une introduction en énonçant le **thème** de l'article (« la famille ») et la **thèse** de l'auteur : la cellule familiale semble aujourd'hui menacée. Les autres paragraphes développent chacun un **argument**.

La cohérence de chaque paragraphe est assurée par le lexique. Après avoir énoncé l'argument, l'auteur le développe en expliquant les causes ou les conséquences du phénomène dont il parle : ainsi, la notion d'« unité géographique » (l. 16) est reprise en écho par l'expression « tissu [...] territorial » (l. 18).

Chaque paragraphe est relié par des liens d'**addition**, exprimés soit par des **connecteurs logiques** « D'abord » (l. 9), « Ensuite » (l. 13), soit par des **moyens lexicaux** « À quoi s'ajoute » (l. 24).

Parfois, le lien logique reste sous-entendu : ainsi, entre les paragraphes 3 et 4, aucun lien logique n'est exprimé. Il existe pourtant une relation d'addition entre ces deux séquences du texte.

L'ensemble du texte constitue donc une démonstration cohérente.

R E T E N I R

Comprendre une **argumentation***, c'est identifier différents éléments dans cette forme de discours* où l'auteur cherche à défendre une opinion personnelle et à convaincre le lecteur.

1. Énoncer le thème du texte, c'est-à-dire le sujet dont il parle (➤ *la famille),* et surtout la **thèse*** que l'auteur veut soutenir, c'est-à-dire l'idée dont il veut convaincre le lecteur.

➤ Thèse de Bruno Frappat : *La famille occidentale connaît une crise grave.*

EXERCICES 1 À 3

2. Repérer les arguments* que l'auteur avance, c'est-à-dire les preuves qui doivent démontrer son idée.

Distinguer les arguments, qui sont généralement abstraits, des **exemples***, plus concrets. **EXERCICES 4 À 7**

3. Percevoir rapidement l'organisation logique* d'un texte, ce qu'on appelle parfois son **plan**, c'est-à-dire la succession des différentes idées.

Pour cela, deux indices peuvent être utilisés :
– la disposition du texte en **paragraphes** ;
– les **connecteurs* logiques**, les mots qui expriment une relation logique entre deux phrases, deux paragraphes ou deux idées.

Le tableau ci-dessous propose les connecteurs les plus fréquents, classés en fonction de quatre relations logiques fondamentales.

Relations logiques	ADDITION	OPPOSITION	CAUSE	CONSÉQUENCE
Connecteurs logiques	*par ailleurs* *de plus* *aussi* *également* *enfin*	*mais* *pourtant* *cependant* *en revanche* *malgré* *quoique*	*en raison de* *à cause de* *car* *parce que* *puisque*	*donc* *par conséquent* *ainsi, aussi* *de sorte que* *si… que* *tellement… que*

Ces relations logiques peuvent aussi être exprimées par un **moyen lexical**, c'est-à-dire par une expression de même sens (synonyme*) ou de sens opposé (antonyme*).

➤ *À quoi s'ajoute le fait que… :* le sens du verbe suggère une idée d'*addition*.

Parfois encore, le lien logique est **implicite*** : il reste sous-entendu. **EXERCICES 8 À 10**

S'EXERCER ET RÉDIGER

1 Repérer les thèses

EXERCICE 1

Formuler la thèse.

Les ordinateurs

Mais une grande différence subsiste (entre nous et l'ordinateur). Nous, nous avons une histoire, biologique, sociale que nous construisons depuis notre enfance. Pas l'ordinateur.

De plus, la mémoire humaine se transforme en fonctionnant : si l'on s'est perdu une fois dans une forêt et qu'on y retourne, la solution choisie pour en sortir sera sans doute différente la seconde fois… L'ordinateur, lui, est stable. Les programmes de traitement des données ne sont pas modifiés au cours de leur utilisation.

Enfin, l'ordinateur n'a pas d'affectivité. Les ordinateurs jaloux qui tentent de tuer des astronautes, les androïdes qui se régénèrent en se réparant, ça n'existe que dans les romans de science-fiction…

Dossier Record, n° 35, éd. Bayard Presse.

1. Quelle est l'intention de l'auteur dans ce texte ?
a) *Faire l'éloge d'une technologie moderne : l'ordinateur.*
b) *Constater les limites de l'ordinateur par rapport à l'homme.*
c) *Faire l'historique de l'ordinateur.*
d) *Démontrer que l'ordinateur est plus fiable que le cerveau humain.*
e) *Regretter le manque de souplesse dans l'utilisation de l'ordinateur.*

2. Résumez la thèse* de l'auteur, en proposant pour cet extrait un titre moins général que celui qui vous est donné.

3. Ce texte pourrait être la réponse de l'auteur à une question qui lui a été posée. Formulez cette question.

EXERCICE 2

Distinguer deux thèses opposées.

Les métiers à la mode

Chaque nom de métier nous suggère une image. Cette image est-elle vraie ou n'est-elle que la caricature d'une réalité très différente ? On peut se le demander lorsque l'on regarde les résultats de certaines enquêtes.

De 14 à 17 ans, […] on ne veut pas être secrétaire, mais secrétaire de direction ou script-girl. Travailler dans le tourisme, d'accord, mais pas dans l'hôtellerie. Rédacteur dans un journal cela plaît, mais pas dans un ministère. Dactylo à Air France c'est mieux que dans une préfecture ou dans une mairie. Le comble, on veut bien être secrétaire médicale, alors qu'on refuse d'être secrétaire ou infirmière.

Tout cela montre que la majorité des jeunes ont peur des métiers qui dépersonnalisent, qui ennuient, qui fatiguent. Le collectif fait peur, par exemple l'hôpital, tandis que le cabinet médical rassure. La fantaisie et la variété de l'ambiance professionnelle comptent autant que le travail que l'on y fait, sinon comment expliquer que la salle de rédaction soit préférée dans un journal plutôt que dans un ministère ?

Il y a dans tout cela un peu de rêve, mais surtout un grand désir d'une vie plus libre et moins monotone que celle que l'on voit mener aux adultes tous les jours.

Une autre revendication fréquente, c'est celle de pouvoir changer de métier, de connaître autre chose tous les cinq ou dix ans. Pourtant, il ne faut pas se faire trop d'illusions, lorsque l'on pénètre bien dans un métier et qu'on le remplit vraiment, il est très difficile de s'en arracher pour faire autre chose dans un cadre tout nouveau.

Dossier Record, éd. Bayard Presse.

1. D'après les enquêtes, qu'attendent les jeunes de leur vie professionnelle à venir ?

2. L'auteur dénonce ces attentes comme des illusions. Quel point de vue oppose-t-il aux adolescents ?

3. Écriture. Menez votre propre enquête auprès d'élèves d'autres classes de 4e sur le thème :

Qu'attendez-vous de votre futur métier ?

Préparez dix questions à choix multiples. En voici deux, à titre d'exemple.

a) *La fantaisie doit-elle être une dimension importante dans votre travail ?*

❏ Oui ❏ Non

b) *On voit de plus en plus se développer des formes de travail à domicile. Cette façon de travailler est-elle pour vous :*

❏ *un gain de temps ?*

❏ *un risque d'individualisme ?*

Exercice 3

Confronter des thèses.

Comment enseigner l'histoire ?

À l'ancienne fresque, haute en couleur, où Vercingétorix, Philippe-Auguste, Jeanne d'Arc, les soldats de l'an II, guerroyaient, souffraient, se sacrifiaient pour la défense du sol natal, les manuels rédigés par nos modernes pédagogues substituent peu à peu l'étrange grisaille d'un passé anonyme, sans conquérants, ni ministres ingénieux ni grands capitaines, exclusivement remplis par l'évolution de l'homme, telle qu'elle se dégage d'un immense labeur, étendu sur les millénaires. [...]

Leur vision laborieuse, et non plus héroïque du passé, ne manque pas d'exactitude. Dans la longue vie des peuples, l'essentiel ne se décide pas forcément dans les têtes royales, ni sur les champs de bataille. Napoléon et Wellington, Austerlitz et Waterloo, exercent sur le seul XIXe siècle, une influence finalement secondaire par rapport à la machine à vapeur. La politique du second Bonaparte disparaît aussi derrière les travaux de Pasteur. Aujourd'hui, presque tout le monde a oublié comment s'appelait l'empereur dans cette Autriche où Beethoven créait son univers symphonique. Lorsqu'ils constatent ces vérités premières, les nouveaux professeurs n'outragent pas la raison.

La respectable préférence qu'ils accordent aux œuvres pacifiques, à la vie quotidienne sur la tragédie, fausse néanmoins l'exacte connaissance du passé.

Une histoire sans dates, sans chronologie, sans héros, prive les mémoires enfantines des repères indispensables. En même temps qu'elle blesse l'esprit, elle offense la nature.

GILBERT COMTE, *Le Monde* (17 septembre 1983).

1. L'auteur oppose deux façons d'enseigner l'histoire.

a) Quelle vision de l'histoire les anciens manuels donnaient-ils aux enfants ? Trouvez trois expressions dans le texte pour justifier votre réponse.

b) Identifiez le passage où l'auteur présente une pédagogie plus *moderne*.

2. Expliquez en quoi ces deux pédagogies sont opposées.

3. À quel type d'enseignement l'auteur semble-t-il accorder sa préférence ?

a) Relevez la phrase du texte dans laquelle il affirme sa thèse*.

b) Quels mots portent la marque de son jugement ?

4. Quel est le rôle du dernier paragraphe ?

5. L'auteur condamne-t-il entièrement pour autant l'autre méthode ?

a) Justifiez votre réponse en vous appuyant sur des expressions qui portent les marques du jugement de l'auteur.

b) Quels exemples* illustrent cette thèse ?

2 Reconnaître les arguments et les exemples

Exercice 4

Repérer des arguments.

Les enfants urbains

Le travail extérieur au domicile du père et de la mère, leurs horaires souvent décalés d'avec les rythmes de l'enfant, des médias anesthésiants (télévision ou journaux) et rongeurs du temps des parents, des réunions amicales ou des distractions différentes pour parents et enfants, la fatigue provoquée par les contraintes professionnelles ou urbaines (déplacements notamment) sont autant d'éléments qui réduisent les conversations entre parents et enfants à la seule rencontre chargée de communications utilitaires. [...]

Les enfants urbains semblent être plus que jamais choyés par leurs parents (cadeaux, argent de poche, etc.) quelle que soit leur condition sociale. Serait-ce parce que les enfants sont moins nombreux, parce qu'ils vivent avec leurs parents moins longtemps et moins souvent ? L'affection reste aussi présente, mais les parents n'estiment-ils pas nécessaire de trouver une compensation à cet amenuisement du temps qu'ils consacrent à la formation et à l'éducation de leurs enfants ?

J. Mullender, *La Ville et l'Enfant,* CCI (1977).

1. Quelle est la thèse* que l'auteur veut démontrer ?

2. Retrouvez les cinq raisons avancées par l'auteur pour expliquer ce phénomène.

3. Les enfants sont *plus que jamais choyés* (l. 14). L'auteur analyse dans le deuxième paragraphe les trois causes de ce qu'il considère comme un fait de société. Retrouvez-les dans le texte.

4. Écriture. Donnez des exemples* de *communications utilitaires* entre parents et enfants, sous forme de brefs dialogues *(10 lignes).*

5. Écriture. Il vous arrive d'avoir, avec vos parents, des conversations autres qu'*utilitaires.* Sur quels sujets ? Qu'attendez-vous de ces conversations ? Vous semblent-elles essentielles à une vie de famille ? Justifiez votre réponse à l'aide de deux arguments*.

Exercice 5

Trouver des arguments dans une scène de théâtre.

Le pire fléau du monde

À Troie, Hector accueille Ulysse, venu avec les flottes grecques réclamer Hélène que Pâris, le frère d'Hector, a enlevée. Hector propose de rendre Hélène, mais la guerre semble inéluctable...

Ulysse. — Vous êtes jeune, Hector !... À la veille de toute guerre, il est courant que deux chefs des peuples en conflit se rencontrent seuls dans quelque innocent village, sur la terrasse au bord d'un lac, dans l'angle d'un jardin. Et ils conviennent que la guerre est le pire fléau du monde, et tous deux, à suivre du regard ces reflets et ces rides sur les eaux, à recevoir sur l'épaule ces pétales de magnolias, ils sont pacifiques, modestes, loyaux. Et ils s'étudient. Ils se regardent. Et, tiédis par le soleil, attendris par un vin clairet[1], ils ne trouvent dans le visage d'en face aucun trait qui justifie la haine, aucun trait qui n'appelle l'amour humain, et rien d'incompatible non plus dans leurs langages, dans leur façon de se gratter le nez ou de boire. Et ils sont vraiment combles[2] de paix, de désirs de paix. Et ils se quittent en se serrant les mains, en se sentant des frères. Et ils se retournent de leur calèche pour se sourire... Et le lendemain pourtant éclate la guerre... Ainsi nous sommes tous deux maintenant...

J. Giraudoux, *La guerre de Troie n'aura pas lieu,* II, 13 (1935), éd. Grasset.

1. Léger.
2. Pleins, remplis.

1. Les deux chefs évoqués par Ulysse *conviennent que la guerre est le pire fléau du monde* (l. 6-7).
Quelles circonstances expliquent leur point de vue ? Quels arguments* opposent-ils à la guerre ?

2. Repérez, au fil du texte, par quelle conjonction de coordination les propositions sont reliées.
Quel lien logique rattache l'avant-dernière phrase *Et le lendemain...* (l. 22) à ce qui précède ? Relevez le connecteur* qui exprime cette relation logique. Sur quel caractère de la guerre insiste-t-il ?

3. Quelle est, selon vous, l'intention d'Ulysse quand il fait ce discours à Hector ? Comment apparaît alors la guerre entre leurs deux peuples ?

Exercice 6

Distinguer les arguments des exemples.

La publicité

La publicité est la fleur de la vie contemporaine ; elle est une affirmation d'optimisme et de gaieté ; elle distrait l'œil et l'esprit.

C'est la plus chaleureuse manifestation de la vitalité des hommes d'aujourd'hui, de leur puissance, de leur puérilité, de leur don d'invention et d'imagination, et la plus belle réussite de leur volonté de moderniser le monde dans tous ses aspects et dans tous les domaines. Avez-vous déjà pensé à la tristesse que représenteraient les rues, les places, les gares, le métro, les palaces, les dancings, les cinémas, le wagon-restaurant, les voyages, les routes pour automobiles, la nature, sans les innombrables affiches, sans les vitrines (ces beaux joujoux tout neufs pour familles soucieuses), sans les enseignes lumineuses, sans les boniments des haut-parleurs, et concevez-vous la tristesse et la monotonie des repas et des vins sans les menus polychromés et sans les belles étiquettes ?

Oui, vraiment, la publicité est la plus belle expression de notre époque, la plus grande nouveauté du jour, un Art.

Blaise Cendrars, *Aujourd'hui* (1972), éd. Denoël.

1. Cendrars est-il, à votre avis, un partisan ou un détracteur de la publicité ?
a) Relevez les phrases dans lesquelles il énonce, puis résume sa thèse*.
b) Relevez des termes appréciatifs* qui portent les marques de son jugement.

2. Distinguez dans le texte :
– les passages qui énoncent des arguments*,
– les passages qui illustrent ces arguments par des exemples*.

3. Regroupez les arguments de l'auteur sous forme de plan.

4. Écriture. Proposez trois arguments pour défendre la thèse inverse à celle de l'auteur. Trouvez des exemples pour chacun d'eux.

Exercice 7

Proposer d'autres arguments.

La violence dans les stades

Blessures, coups de poing, coups de pied, brutalités diverses, la violence envahit les stades. Le football est un des premiers touchés, il n'est pas le seul, mais son caractère populaire braque sur lui l'actualité. […]

La violence […] est essentiellement l'apanage[1] des divisions inférieures. Quand on n'a pas une très bonne tactique, qu'on ne brille pas par ses accélérations, quand on n'est pas le roi de la feinte, il ne reste plus que la brutalité pour surpasser l'adversaire. C'est le manque de qualités physiques ou techniques, l'entraînement insuffisant, l'absence de tactique qui bien souvent font dégénérer l'engagement physique en violence mal contrôlée. Ainsi, chaque semaine, plusieurs dossiers sont transmis à une commission spéciale de la Fédération française de football qui décidera des sanctions à prendre contre les clubs et contre les joueurs (matches ou suspension).

Voilà pour la répression. La solution serait plutôt la prévention : c'est-à-dire l'éducation, la formation que peuvent dispenser les éducateurs sportifs et les responsables de clubs. Le sport est un jeu et non une forme de guerre. L'objectif, c'est le ballon et non l'homme.

Calmer le jeu, c'est peut-être aussi désacraliser[2] la victoire, ne pas inciter (notamment par des moyens financiers) les membres d'une équipe à gagner quels que soient les moyens employés. Rappelez-vous, tout l'idéal du sport repose sur cette petite phrase : « L'important, c'est de participer. »

Thèmes transversaux « La sécurité », Larousse.

1. Lot, privilège.
2. Ôter son caractère sacré.

1. Quel problème ce texte aborde-t-il ?

2. Quelles causes donne-t-il à ce phénomène ? Quelles solutions envisage-t-il ?

3. Écriture. Donnez votre avis sur ce problème. Proposez d'autres causes et d'autres solutions, en vous appuyant sur des exemples*.

3 Étudier l'organisation logique d'un texte

Exercice 8

Repérer les liens logiques.

Les ordinateurs

Lisez le texte de l'exercice 1 (p. 83).

1. Trouvez les deux connecteurs* logiques qui permettent de relier les arguments* les uns aux autres. Quelle relation logique introduisent-ils ?

2. Comment expliquez-vous la présence de la conjonction de coordination *Mais* au début du paragraphe ?
Rédigez la phrase qui pourrait précéder immédiatement ce texte.

Exercice 9

Repérer des oppositions.

Les métiers à la mode

Lisez le texte de l'exercice 2 (p. 83).

1. Relevez cinq expressions qui permettent d'exprimer l'opposition. Classez-les en fonction de leur nature grammaticale (conjonction de coordination, adverbe, conjonction de subordination).

2. Comment expliquez-vous la présence de toutes ces marques de l'opposition dans ce texte ?

Exercice 10

Exprimer un lien logique implicite.

La bibliothèque

Sous l'occupation allemande, deux Français sont contraints d'héberger un officier allemand, auquel ils ne répondent que par leur silence. L'officier s'arrête devant la bibliothèque de ses hôtes.

« Pourquoi aimé-je tant cette pièce ? dit-il pensivement. Elle n'est pas si belle, — pardonnez-moi !... » Il rit : « Je veux dire : ce n'est pas une pièce de musée... Vos meubles, on ne dit pas : voilà des merveilles... Non... Mais cette pièce a une âme. Toute cette maison a une âme. »

Il était devant les rayons de la bibliothèque. Ses doigts suivaient les reliures d'une caresse légère.

«... Balzac, Barrès, Baudelaire, Beaumarchais, Boileau, Buffon... Chateaubriand, Corneille, Descartes, Fénelon, Flaubert... La Fontaine, France, Gautier, Hugo... Quel appel ! » dit-il avec un rire léger et hochant la tête. « Et je n'en suis qu'à la lettre H !... Ni Molière, ni Rabelais, ni Racine, ni Pascal, ni Stendhal, ni Voltaire, ni Montaigne, ni tous les autres !... » Il continuait de glisser lentement le long des livres, et de temps en temps, il laissait échapper un imperceptible « Ha ! » quand, je suppose, il lisait un nom auquel il ne songeait pas. « Les Anglais, reprit-il, on pense aussitôt : Shakespeare. Les Italiens : Dante. L'Espagne : Cervantès. Et nous, tout de suite : Gœthe. Après, il faut chercher. Mais si on dit : et la France ? Alors, qui surgit à l'instant ? Molière ? Racine ? Hugo ? Voltaire ? Rabelais ? ou quel autre ? Ils se pressent, ils sont comme une foule à l'entrée d'un théâtre, on ne sait pas qui faire entrer d'abord. »

Il se retourna et dit gravement :

« Mais pour la musique, alors c'est chez nous : Bach, Haendel, Beethoven, Wagner, Mozart... quel nom vient le premier ? [...]

« Et nous nous sommes fait la guerre ! » dit-il lentement en remuant la tête.

Vercors, *Le Silence de la mer* (1943), éd. Albin Michel.

1. Quelle relation logique est implicite*, sous-entendue, entre tout le début du texte et la dernière phrase ? Explicitez-la à l'aide du moyen grammatical de votre choix.

2. Quel paradoxe* l'auteur souligne-t-il ainsi avec force ?

3. Quels arguments* l'officier allemand oppose-t-il à la guerre ?

4. Écriture. Rédigez un paragraphe *(15 lignes)* construit sur le même modèle, dans lequel vous évoquerez la profonde complicité qui vous unit à un parent, un frère, une sœur ou un ami, et que vous terminerez par la phrase : *Et nous nous sommes disputés !*

CHAPITRE

11 Étudier la poésie

LIRE ET OBSERVER

La Nuit

CLAUDE ROY, *Poésies* (1939-1953), éd. Gallimard.

Elle est venue la nuit de plus loin que la nuit
à pas de vent de loup de fougère et de menthe
voleuse de parfum impure fausse nuit
fille aux cheveux d'écume issue de l'eau dormante

Après l'aube la nuit tisseuse de chansons
s'endort d'un songe lourd d'astres et de méduses
et les jambes mêlées aux fuseaux des saisons
veille sur le repos des étoiles confuses

Sa main laisse glisser les constellations
le sable fabuleux des mondes solitaires
la poussière de Dieu et de sa création
la semence de feu qui féconde les terres

Mais elle vient la nuit de plus loin que la nuit
à pas de vent de mer de feu de loup de piège
bergère sans troupeaux glaneuse sans épis
aveugle aux lèvres d'or qui marche sur la neige. ■

Repérer

L'évocation de la nuit

Les termes de la **personnification** sont encadrés en noir.
Les **images** sont soulignées en rouge.
Les **sonorités** sont soulignées en noir.

Les champs lexicaux

Plusieurs champs lexicaux s'entremêlent dans ce poème :
– celui du **sommeil** signalé sur fond gris ;
– celui de la **matière**, des quatre éléments, signalé sur fond rose ;
– celui de l'**univers** et de ses mystères, signalé sur fond rouge.

Analyser et rédiger

Fasciné par la nuit, Claude Roy évoque ses mystères, les rêves ou les peurs qu'elle suscite, les légendes qu'elle fait naître.

- Il rend sa présence familière en la **personnifiant**. Le poème dessine le grand corps de la nuit : « ses cheveux » (v. 4), ses « jambes » (v. 7), « sa main » (v. 9) et ses « lèvres » (v. 16). Elle est le sujet de verbes d'action. En nommant la nuit par des **images** « *voleuse* de parfum » (v. 3), « *fille* aux cheveux d'écume » (v. 4), « *tisseuse* de chansons » (v. 5), « *bergère* sans troupeaux *glaneuse* sans épis » (v. 15) et « *aveugle* aux lèvres d'or » (v. 16), le poète révèle des visages cachés de la nuit.
- D'autres mots tissent des **champs lexicaux** : celui du sommeil auquel la nuit nous invite, celui des astres, de l'univers qu'elle réveille, ou encore, celui de la matière qui nous plonge dans la nuit des origines.
- Le bruit feutré des « pas de loup » est rendu dans la première strophe par les **assonances**. Les **allitérations** en [s], dans la deuxième et troisième strophe, font entendre une chanson énigmatique. Le passage de la nuit qui surgit puis s'évanouit, est évoqué par le **rythme** du texte, associant une impression de retour régulier (alexandrins organisés en quatrains, leitmotiv de « la nuit ») et de glissement furtif (absence de ponctuation).

RETENIR

1. Le langage poétique est un langage imagé.
Comparaisons*, métaphores*, personnifications* transforment la réalité et la dévoilent. **EXERCICES 1 À 4**

2. Le langage poétique révèle la richesse des mots.
- Le poète joue sur la **polysémie*** des mots (sur leurs différents sens).
- Il éclaire chaque mot de multiples **connotations***.
  ➤ *Le mot* nuit *dans le poème de Claude Roy connote à la fois le sommeil et le rêve, le mystère, le danger et le calme.*
- Il crée des **associations** qui renouvellent les clichés* ou expressions toutes faites.
  ➤ « *à pas de vent de loup* » juxtapose, à l'expression courante « *à pas de loup* », une création surprenante « *à pas de vent* ». **EXERCICES 5 À 8**

3. Le langage poétique associe musicalité, rythme et signification.
- Les mots sont rapprochés à la **rime** :
  ➤ *Piège* (v. 14) et *neige* (v. 16) sont rapprochés par le son et par le sens.
- Les répétitions de consonnes **(allitérations*)** et de voyelles **(assonances*)** tissent entre les mots un jeu d'échos qui a une valeur suggestive.
- Le **rythme** contribue à l'atmosphère du poème. La ponctuation, les répétitions, les enjambements* de la phrase sur le vers sont autant d'éléments de régularité ou d'irrégularité, de heurt ou de fluidité. **EXERCICES 9 À 11**

S'EXERCER ET RÉDIGER

1 Étudier les images

EXERCICE 1

Repérer des comparaisons.

La valise

Ma valise m'accompagne au massif de la Vanoise[1], et déjà ses nickels brillent et son cuir épais embaume. Je l'empaume, je lui flatte le dos, l'encolure et le plat. Car ce coffre comme un livre plein d'un trésor de plis blancs : ma vêture[2] singulière, ma lecture familière et mon plus simple attirail, oui, ce coffre comme un livre est aussi comme un cheval, fidèle contre mes jambes, que je selle, je harnache, pose sur un petit banc, selle et bride, bride et sangle ou dessangle dans la chambre de l'hôtel proverbial[3].

Oui, au voyageur moderne sa valise en somme reste comme un reste de cheval.

FRANCIS PONGE, *Pièces* (1971), éd. Gallimard.

1. Massif des Alpes.
2. Vêtement.
3. Typique.

1. Le poète évoque sa valise, objet indispensable et fidèle au grand *voyageur* qu'il est. Quelles sont les deux comparaisons* qui permettent de souligner ces qualités ?

2. Relevez d'autres expressions qui préparent ou prolongent ces comparaisons.

3. Quels sont les points communs entre le comparé* *(la valise)* et les comparants* (les objets auxquels est comparée *la valise*) qui ont permis ces rapprochements ?

4. Commentez les expressions *ma vêture singulière, ma lecture familière et mon plus simple attirail* (l. 6-7) en étudiant comment on passe d'un groupe de mots à l'autre.

5. Écriture. Évoquez à la manière de Francis Ponge, à l'aide de deux comparaisons, votre cartable ou sac à dos, garde du corps fidèle pendant vos journées d'école.

EXERCICE 2

Distinguer comparaison et métaphore.

À la fenêtre, pendant la nuit

Les étoiles, points d'or, percent les branches [noires ;
Le flot huileux et lourd décompose ses moires[1]
Sur l'océan blêmi ;
Les nuages ont l'air d'oiseaux prenant la fuite ;
Par moments le vent parle, et dit des mots [sans suite,
Comme un homme endormi.

Tout s'en va. La nature est l'urne mal fermée,
La tempête est écume et la flamme est fumée.
Rien n'est hors du moment,
L'homme n'a rien qu'il prenne, et qu'il tienne, [et qu'il garde,
Il tombe heure par heure, et, ruine, il regarde
Le monde, écroulement.

VICTOR HUGO, *Les Contemplations*, « Au bord de l'infini » (1856).

1. Aspect changeant et chatoyant d'un tissu.

1. Dans la première strophe, Hugo évoque un paysage nocturne. Relevez deux comparaisons*, une métaphore* et une personnification*.

2. Choisissez parmi les adjectifs suivants ceux qui pourraient qualifier ce tableau : *mystérieux, inquiétant, changeant, fantastique**, irréel, féerique, réaliste*.*

3. Quel sentiment le poète cherche-t-il à communiquer ? Trouvez, dans la deuxième strophe, des métaphores qui confirment votre réponse.

4. En quoi le rythme du poème peut-il contribuer à suggérer ce sentiment ?

5. Écriture. Rédigez un court paragraphe pour résumer vos remarques *(10 lignes)*. Vous commencerez par qualifier l'impression qui se dégage de ce tableau nocturne, puis vous expliquerez comment l'auteur parvient à communiquer ce sentiment au lecteur.

Exercice 3

Étudier le pouvoir des images.

Litanies pour un retour

Mon cœur ma mie mon âme
Mon ciel mon feu ma flamme
Mon puits ma source mon val
Mon miel mon baume mon Graal

Mon blé mon or ma terre
Mon soc mon roc ma pierre
Ma nuit ma soif ma faim
Mon jour mon aube mon pain

Ma voile ma vague mon guide ma voie
Mon sang ma force ma fièvre mon moi
Mon chant mon rire mon vin ma joie
Mon aube mon cri ma vie ma foi

Mon cœur ma mie mon âme
Mon ciel mon feu ma flamme
Mon corps ma chair mon bien
Voilà que tu reviens.

Jacques Brel et François Rauber (1958)

1. À qui s'adresse le poète ? dans quelles circonstances ? Relevez les indices qui vous permettent de répondre.

2. Expliquez le mot *litanies* qui figure dans le titre. En quoi convient-il particulièrement bien pour ouvrir ce poème ?

3. Le poète nomme son interlocutrice à travers une série d'images*. Classez-les en fonction de leurs connotations*.
Ex. : cœur, âme, source… connotent la vie.

4. D'autres mots semblent plutôt être associés entre eux à cause de leur parenté sonore. Relevez quelques exemples dans le texte.

5. Quel effet le poète tire-t-il de cette cascade d'images* ?

6. Le nombre de syllabes de chaque vers est-il constant dans tout le poème ? Quel rythme cela entraîne-t-il ?

7. Écriture. Évoquez à votre tour, à l'aide d'une énumération de métaphores*, le retour d'un être qui vous est cher et dont l'absence vous avait séparé(e) pendant un certain temps.

Exercice 4

Analyser une association poétique d'images.

Aux innocents les mains pleines

Approchez vos mains de la flamme
jusqu'à voir le feu au travers
avec ses courants et ses lames
et ses sirènes aux yeux verts
jusqu'à voir les grands fonds du feu
avec leurs poissons de sommeil
et les longs navires sans yeux
leurs équipages de soleil
et leur forêt d'algues de paille
qui flambe et brille au fond du feu
prisonniers des mains et des mailles
qui font et défont les filets du feu.

Claude Roy, *Poésies* (1939-1953), éd. Gallimard.

1. À quelle expérience nous invite le poète ?

2. Relevez tous les mots qui appartiennent au champ lexical* de la mer. Comment expliquez-vous leur présence dans ce poème initialement consacré à l'évocation du feu ?

3. Les mots appartenant au champ lexical de la mer et ceux appartenant au champ lexical du feu sont étroitement associés pour créer des images* poétiques.
Étudiez par quels procédés grammaticaux (complément de nom…) et sonores cette assimilation est réalisée.

4. Le champ lexical de la vue est également très présent.
a) Relevez les mots qui en font partie.
b) Montrez ensuite comment le regard du poète transforme la réalité.

5. Écriture. Vous rêvez devant un feu. Évoquez, dans un texte poétique en prose, les images que cette rêverie fait naître en vous.
Avant de commencer à écrire, choisissez un champ lexical (autre que celui de la *mer*, déjà exploré par Claude Roy) que vous associerez à celui du *feu*.
Préparez également une banque de mots aux sonorités proches, afin de créer des jeux d'échos sonores dans votre poème.

2 Exploiter la richesse des mots

Exercice 5

Exploiter la polysémie d'un mot.

Douceur

Douceur,
Je dis : douceur.

Je dis : douceur des mots
Quand tu rentres le soir du travail harassant
Et que des mots t'accueillent
Qui te donnent du temps.

Car on tue dans le monde
Et tout massacre nous vieillit.

Je dis : douceur,
Pensant aussi
À des feuilles en voie de sortir du bourgeon,
À des cieux, à de l'eau dans les journées d'été,
À des poignées de main.

Je dis : douceur, pensant aux heures d'amitié,
À des moments qui disent
Le temps de la douceur venant pour tout de [bon,

Cet air tout neuf,
Qui pour durer s'installera.

Eugène Guillevic, *Terre à bonheur* (1985), éd. Seghers.

1. Guillevic laisse aller son imagination et sa plume pour retrouver les sensations, les images et les sentiments que le mot *douceur* fait naître en lui. Relevez-les dans le poème.

2. Le poème joue sur la polysémie* du mot *douceur*. Recherchez, dans un dictionnaire, les différents sens que peut prendre ce mot.
Puis associez à chacun des groupes de synonymes* suivants, un exemple du texte qui l'illustre.
a) *Qualité agréable.*
b) *Aspect duveteux, finesse.*
c) *Clarté, limpidité.*
d) *Tranquillité, calme, bien-être.*
e) *Amabilité, sollicitude, gentillesse, attention, altruisme, amour.*

3. Écriture. Choisissez un mot et composez, à votre tour, un poème en vers libres*, où vous direz ce qu'il évoque pour vous. Pour préparer votre travail, cherchez, pour chaque sens du mot, plusieurs images* auxquelles vous l'associerez.

Exercice 6

Jouer avec les connotations d'un mot.

Promenade de Picasso

Sur une assiette bien ronde en porcelaine réelle
une pomme pose
Face à face avec elle
un peintre de la réalité
essaie vainement de peindre
la pomme telle qu'elle est
mais
elle ne se laisse pas faire
la pomme
elle a son mot à dire
et plusieurs tours dans son sac de pomme
la pomme
et la voilà qui tourne
dans son assiette réelle
sournoisement sur elle-même
doucement sans bouger [...]
la pomme se déguise en beau fruit déguisé
et c'est alors
que le peintre de la réalité
commence à réaliser
que toutes les apparences de la pomme sont [contre lui
et comme le malheureux indigent [...]
le malheureux peintre de la réalité
se trouve soudain alors être la triste proie
d'une innombrable foule d'associations d'idées
Et la pomme en tournant évoque le pommier
le Paradis terrestre et Ève et puis Adam
l'arrosoir l'espalier Parmentier l'escalier
Le Canada les Hespérides la Normandie [la Reinette et l'Api
le serpent du Jeu de Paume le serment du [Jus de Pomme
et le péché originel
et les origines de l'art
et la Suisse avec Guillaume Tell
et même Isaac Newton
plusieurs fois primé à l'Exposition de la [Gravitation Universelle
et le peintre étourdi perd de vue son modèle
et s'endort

C'est alors que Picasso
qui passait par là comme il passe partout
chaque jour comme chez lui
voit la pomme et l'assiette et le peintre endormi
Quelle idée de peindre une pomme
dit Picasso
et Picasso mange la pomme
et la pomme lui dit Merci
et Picasso casse l'assiette
et s'en va en souriant
et le peintre arraché à ses songes
comme une dent
se retrouve tout seul devant sa toile inachevée
avec au beau milieu de sa vaisselle brisée
les terrifiants pépins de la réalité.

JACQUES PRÉVERT, *Paroles* (1946), éd. Gallimard.

1. Qu'est-ce qui empêche le *peintre de la réalité* de peindre la pomme *telle qu'elle est*?

2. Expliquez la coordination au vers 27 : *Ève et puis Adam.*

3. Explicitez les associations d'idées qui permettent d'enchaîner les mots des vers 28, 29, 30 et 31.

4. Expliquez comment le poète redonne vigueur à des expressions toutes faites.

5. Écriture. Évoquez à votre tour les malheurs d'un *peintre de la réalité* essayant de dessiner une fleur.
Ex. : Et la fleur en tournant évoque la rose du Petit Prince et la fleur de lys...

EXERCICE 7

Étudier des associations de mots.

Il était une feuille

Il était une feuille avec ses lignes
Ligne de vie
Ligne de chance
Ligne de cœur
Il était une branche au bout de la feuille
Ligne fourchue signe de vie
Signe de chance
Signe de cœur
Il était un arbre au bout de la branche
Un arbre digne de vie
Digne de chance
Digne de cœur
Cœur gravé, percé, transpercé,
Un arbre que nul jamais ne vit.
Il était des racines au bout de l'arbre
Racines vignes de vie
Vignes de chance
Vignes de cœur
Au bout des racines il était la terre
La terre tout court
La terre toute ronde
La terre toute seule au travers du ciel
La terre.

ROBERT DESNOS, *Fortunes*, « Les portes battantes » (1942), éd. Gallimard.

1. Robert Desnos, en écrivant ce poème, joue aussi. À quel autre genre de texte, destiné aux enfants, emprunte-t-il la formule initiale et la construction de son poème?

2. Dans quel état d'esprit le poète met-il ainsi son lecteur?

3. Les mots de ce poème semblent s'appeler les uns les autres, comme par de mystérieuses associations. Quelles relations permettent de créer les chaînes de mots relevés ci-dessous?
a) *Ligne de vie* (v. 2)
→ *Ligne de chance* (v. 3)
→ *Ligne de cœur* (v. 4).
b) *Ligne de vie* (v. 2)
→ *signe de vie* (v. 6)
→ *digne de vie* (v. 10)
→ *vignes de vie* (v. 16).
c) *Un arbre digne de vie* (v. 10)
→ *Un arbre que nul jamais ne vit* (v. 14).
d) *Digne de cœur* (v. 12)
→ *Cœur gravé, percé, transpercé* (v. 13).

4. Expliquez la métaphore* *Racines vignes de vie* (v. 16). Quels points communs entre le comparé* et le comparant* ont permis le rapprochement des deux notions?

5. Montrez que le premier vers est polysémique* : *Il était une feuille avec ses lignes.*

6. Écriture. Composez, à votre tour, un poème en vers libres* à partir d'associations de mots.
Ex. : Il était une plume...

7. Création. Essayez, avec l'aide de votre professeur d'arts plastiques, de proposer une illustration graphique du poème.

Exercice 8

Étudier des jeux de mots.

L'affable La Fontaine

Récite ta fa,
récite ta fable.
Pour devenir grand
Il faut qu'on apprend
assis à sa table
sa récitation,
l'ineffable[1] fable,
riche en citations,
de l'affable[2] la
fontaine de fables.

L'heureux nard et le cordeau
Rat Deville et Rat Deschamps
le méchant loup Pelagneau
la Chevreuse[3] et le Roseau
L'Assis Gal et la fournie
la quenouille qui veut se faire
aussi rose que le bœuf
les animaux malades de la tête.

Retisse et récite
récite ta fa
ta fable d'enfant.
Quand tu seras grand
il sera bien temps
d'apprendre qu'on n'a
souvent aucun besoin
d'un plus petit
que soif
pour boire à la fontaine.

Claude Roy, *Enfantasques* (1974), éd. Gallimard.

1. Qui ne peut être exprimé par des paroles.
2. Bienveillant.
3. Vallée située aux environs de Paris.

1. Relisez le titre du poème et le titre du recueil. Expliquez les jeux de mots à partir desquels ils ont été créés.

2. Expliquez pourquoi l'auteur a écrit : *Il faut qu'on apprend* (v. 4). Quel autre mode devrait être utilisé ? Restituez la tournure grammaticalement correcte.

3. Relevez tous les jeux de mots construits à partir du mot *fable*.

4. Retrouvez sept titres de fables que le poète a détournés de leur formulation réelle.

5. Retrouvez la morale de la fable « *Le Lion et le Rat* » de La Fontaine, que Claude Roy a dissimulée dans son poème.

6. Écriture. Détournez les titres de fables qui vous sont proposés, à la manière de Claude Roy :
- « *L'Huître et les Plaideurs* »
- « *Les Deux Canards* »
- « *Le Songe d'un habitant du Mogol* »

3 Étudier le rythme et les sonorités

Exercice 9

Retrouver la disposition typographique d'un poème.

Il pleut

Il pleut – c'est merveilleux. Je t'aime. Nous resterons à la maison : Rien ne nous plaît plus que nous-mêmes par ce temps d'arrière-saison. Il pleut. Les taxis vont et viennent. On voit rouler les autobus et les remorqueurs sur la Seine font un bruit… qu'on ne s'entend plus ! C'est merveilleux : il pleut. J'écoute la pluie dont le crépitement heurte la vitre goutte à goutte… Et tu me souris tendrement. Je t'aime. Oh ! ce bruit d'eau qui pleure, qui sanglote comme un adieu. Tu vas me quitter tout à l'heure : on dirait qu'il pleut dans tes yeux.

D'après Francis Carco (1886-1958),
Poésies complètes,
in « Petite suite sentimentale »
éd. Gallimard.

1. Ce poème de Francis Carco a été volontairement reproduit sans tenir compte de la disposition typographique* que le poète avait choisie. Essayez de la retrouver, en vous aidant du retour de la rime et en prenant soin de ménager des strophes.

2. La nouvelle disposition fait apparaître plusieurs enjambements* dans le poème. Relevez-les. Expliquez quel effet ils créent dans le texte.

3. Comment qualifieriez-vous le rythme de ce poème ? Sur quels éléments vous êtes-vous appuyé pour donner votre réponse ?

Exercice 10

Repérer les assonances et les allitérations.

Effet de nuit

La nuit. La pluie. Un ciel blafard que déchiquette
De flèches et de tours à jour la silhouette
D'une ville gothique éteinte au lointain gris.
La plaine. Un gibet[1] plein de pendus rabougris
Secoués par le bec avide des corneilles
Et dansant dans l'air noir des gigues[2] non pareilles,
Tandis que leurs pieds sont la pâture des loups.
Quelques buissons d'épine épars, et quelques houx
Dressant l'horreur de leur feuillage à droite, à gauche,
Sur le fuligineux[3] fouillis d'un fond d'ébauche.
Et puis, autour de trois livides[4] prisonniers
Qui vont pieds nus, un gros[5] de hauts pertuisaniers[6]
En marche, et leurs fers droits, comme des fers de herse,
Luisent à contresens des lances de l'averse.

Paul Verlaine, *Poèmes saturniens*, « Eaux-fortes », IV (1866).

1. Potence où l'on pendait les condamnés.
2. Danses.
3. Qui a la couleur noire de la suie.
4. Sans couleur.
5. Troupe.
6. Soldats armés d'une sorte de lance.

Lisez ce poème à haute voix.

1. À la première lecture, qu'est-ce qui oppose la nuit évoquée par Verlaine à celle de Claude Roy (p. 88) ?

2. Confirmez cette impression de lecture en étudiant les sonorités du poème.
a) Relevez des exemples d'allitérations* en [k], [r] et [s]. Essayez de qualifier ces sonorités, ainsi que les impressions qu'elles suggèrent.
b) Quels mots se répondent en écho dans les vers 8, 9 et 10 ? Quel effet produisent ces accumulations sonores ?
c) Dans les vers 1 à 4, relevez des exemples d'assonances*.
Quel paysage ces sons contribuent-ils à suggérer ?

3. Écriture. Rédigez quatre phrases dans lesquelles vous accumulerez allitérations et assonances pour évoquer à votre tour la nuit. Préparez vos associations de mots avant d'écrire.
Ex. : La nuit. Le songe… mensonge… éponge… plonge…

Exercice 11

Découvrir le rythme d'une chanson.

Chanson

Si vous n'avez rien à me dire,
Pourquoi venir auprès de moi ?
Pourquoi me faire ce sourire
Qui tournerait la tête au roi ?
Si vous n'avez rien à me dire,
Pourquoi venir auprès de moi ?

Si vous n'avez rien à m'apprendre,
Pourquoi me pressez-vous la main ?
Sur le rêve angélique et tendre,
Auquel vous songez en chemin,
Si vous n'avez rien à m'apprendre,
Pourquoi me pressez-vous la main ?

Si vous voulez que je m'en aille,
Pourquoi passez-vous par ici ?
Lorsque je vous vois, je tressaille :
C'est ma joie et c'est mon souci.
Si vous voulez que je m'en aille,
Pourquoi passez-vous par ici ?

Victor Hugo, *Les Contemplations* (1856).

1. Relevez tous les effets de rythme qui apparentent ce poème à une chanson.

2. Montrez que ce poème est construit sur un rythme binaire* (composé de deux mesures égales). En quoi ce rythme est-il approprié aux sentiments du poète ?

3. Quels adjectifs seraient les plus aptes à définir le rythme de ce poème-chanson ?
primesautier, régulier, chaotique, cadencé, heurté, alangui.

4. Écriture. Rédigez un paragraphe *(10 lignes)* pour expliquer comment le rythme communique les sentiments du poète.

5. Écriture. Utilisez le modèle rythmique de ce poème pour composer à votre tour une chanson comportant de nombreuses questions.

CHAPITRE **12** # Étudier l'image

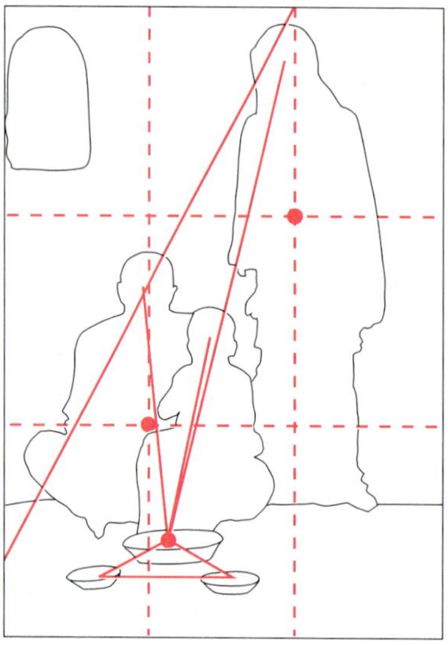

➤ ÉDOUARD BOUBAT,
Famille hindoue, Inde (1962).

Analyser et rédiger

De cette photographie en noir et blanc d'Édouard Boubat, se dégage une atmosphère de plénitude, douce et solennelle.

- Le **cadrage** rapproché et centré permet de montrer les personnages d'une famille hindoue, en entier, en pied, occupant tout l'espace.
- Les **lignes droites** (silhouette de la mère debout…), suggérant solidité et fierté, se combinent à la douceur des **courbes** (bols, niche dans le mur…). Les lignes **verticales** renforcent l'intimité de cette scène, comme isolée de l'extérieur. La **diagonale** qui unit les personnages donne à la photo sa dynamique et son intensité.
- La **composition en triangle** (trois personnages, trois bols…) assure la stabilité de l'ensemble. La convergence des trois regards sur un même **point** met en relief les bols de riz, situés au premier plan.
- La **lumière**, qui vient du coin supérieur gauche, crée un dégradé entre zones éclairées et zones sombres, ainsi que des reflets sur les visages et les objets : à nouveau, les bols sont valorisés.

Cette photo est d'une **tonalité** poignante. Elle a une **fonction** à la fois descriptive et argumentative : elle souligne la valeur du riz en Inde.

➤ VINCENT VAN GOGH (1853-1890), *La Nuit étoilée* (1889; huile sur toile; 73,7 x 92,1 cm; New York, The Museum of Modern Art).

Analyser et rédiger

Le tableau *La Nuit étoilée* de Van Gogh représente, plus qu'un paysage particulier, une évocation de la nuit, saisissante et mystérieuse, sans être effrayante.

- Son mystère naît de la **profondeur de champ**. On distingue trois **plans** : le cyprès (à gauche) au premier plan, le village et les collines au second plan, le ciel immense et envahissant à l'arrière-plan.
- Les **lignes**, en majorité **horizontales** (sauf celles du cyprès et du clocher), élargissent l'espace à l'infini ; **courbes** pour les nébuleuses, elles entraînent le regard dans un vertigineux tourbillon.
- La **composition** du tableau repose sur une tension entre les zones de **couleurs chaudes** (jaune, orange, rouge) et de **couleurs froides** (bleu, vert foncé, gris) : les formes rondes des étoiles et de la lune (dans le coin droit) semblent s'avancer, attirantes, intenses et lumineuses; la **ligne de force** des collines, à l'horizon, semble s'éloigner, fuyante, sévère et profonde. Cette opposition donne au tableau une **tonalité** toute poétique, à laquelle fait écho le titre antithétique *La Nuit étoilée* : la lumière des « étoiles » communie ici avec les ténèbres de la « nuit ».

RETENIR

Expliquer une image et expliquer un texte : deux démarches parallèles.

1. Les composantes de l'image.

L'image a une structure, une composition avec :
- *un cadrage* qui détermine ses limites
- *des plans* : premier plan (sur le devant), arrière-plan (au loin)…
- *des lignes de forces* (axes imaginaires divisant l'espace horizontalement et verticalement en trois)
- *des points forts* (non pas au centre de l'image, mais aux intersections des lignes de forces)
- *des zones* délimitées

Rapprochements avec le texte

> Le texte est structuré par :
> - des parties logiques
> - des idées-clés
> - des paragraphes

L'image recourt à des moyens d'expression :
- *des lignes* (courbes, droites, horizontales, verticales…)
- *des formes* (rondes, carrées, harmonieuses, éclatées…)
- *des couleurs* (froides, chaudes, vives, douces…)

> Le texte utilise :
> - des types de phrases
> - des champs lexicaux*
>
> (cf. CHAPITRE 5)

EXERCICES 1 À 3

2. Le point de vue* et l'interprétation.

L'image implique une prise de vue, elle est vue par l'œil :
- *comme de l'extérieur* ou *à travers* un personnage,
- *en plongée* ou en *contre-plongée*…

> Le texte implique le choix du narrateur* et du point de vue* (cf. CHAPITRE 8)

L'image transmet un message qui suscite une interprétation :
- *du peintre, du photographe… vers le spectateur*

> Le texte est un énoncé* de l'auteur vers le lecteur

EXERCICE 4

3. Les procédés de style et la tonalité*.

L'image joue avec divers procédés :
- *la superposition, la déformation*
- *le contraste*
- *l'exagération du trait, de la couleur*

> Le texte peut exploiter :
> - la métaphore*
> - l'antithèse*
> - l'hyperbole*

L'image prend diverses tonalités* : poétique, comique, dramatique, épique, polémique…

> Le texte possède une tonalité (cf. CHAPITRE 7)

EXERCICES 5 ET 6

4. Les fonctions de l'image.

L'image correspond à une intention, à une fonction :
- « *raconter* » (bande dessinée, film…)
- « *décrire* » (tableau, photo…)
- « *informer, expliquer* » (photo, schéma…)
- « *convaincre, critiquer* » (publicité, dessin de presse…)

> Le texte associe :
> - le discours narratif
> - le discours descriptif
> - le discours explicatif
> - le discours argumentatif

EXERCICES 7 À 9

5. Le rapport entre le texte et l'image.

Le texte et l'image peuvent se combiner pour illustrer, expliquer, prouver, contredire, détourner…
- L'image peut contenir du texte *(titre, légende, slogan publicitaire, bulle de BD…)*.
- L'image peut accompagner un texte *(illustration de poème, photo-reportage, calligraphie…)*.
- Le texte peut devenir image : *le calligramme*.

EXERCICES 10 ET 11

S'EXERCER ET RÉDIGER

1 Analyser les composantes de l'image

EXERCICE 1

Étudier le cadrage.

1. Que remarquez-vous dans le cadrage de cette photo ? Quelle partie du sujet a été supprimée, se trouve « hors champ » ?

2. Quel rapport le cadrage établit-il entre les chaussures et le vaste paysage en arrière-plan ?

3. Écriture. Faites parler les chaussures, en restituant, dans leurs paroles, l'importance que leur donne le cadrage.

➤ Photo de MARC ROMANELLI, *La randonnée fantastique.*

EXERCICE 2

Distinguer les différents plans.

➤ Photo de HIROJI KUBOTA, *Culte des ancêtres, Hangzhou, Chine* (1984).

1. Repérez les éléments qui constituent : le premier plan (le plus proche); les plans intermédiaires (second plan, troisième plan…); l'arrière-plan (le plus lointain). Dites, pour chacun d'eux, quelle partie de la photo (haut, bas…) il occupe.

2. Quel est l'objet mis en valeur par la composition de cette photo ? Que symbolise-t-il ?

3. Comparez la taille des bougies à celle des personnages. Selon vous, que veut faire comprendre le photographe ?

➤ Joseph Mallord William Turner (1775-1851), *Lyons* (1846 ; aquarelle ; 241 x 305 cm ; Londres, Victoria and Albert Museum).

Exercice 3

Repérer les lignes et les couleurs.

Les ponts

Des ciels gris de cristal. Un bizarre dessin de ponts, ceux-ci droits, ceux-là bombés, d'autres descendant ou obliquant en angles sur les premiers, et ces figures se renouvelant dans les autres circuits éclairés du canal, mais tous tellement longs et légers que les rives chargées de dômes s'abaissent et s'amoindrissent. Quelques-uns de ces ponts sont encore chargés de masures. D'autres soutiennent des mâts, des signaux, de frêles parapets. Des accords mineurs se croisent, et filent, des cordes montent des berges. On distingue une veste rouge, peut-être d'autres costumes et des instruments de musique. Sont-ce des airs populaires, des bouts de concerts seigneuriaux, des restants d'hymnes publics ? L'eau est grise et bleue, large comme un bras de mer. — Un rayon blanc, tombant du haut du ciel, anéantit cette comédie.

Arthur Rimbaud, *Illuminations* (1886).

1. Dans le tableau de Turner, repérez les lignes dominantes en les traçant sur un papier calque. Sont-elles droites, courbes, horizontales ou verticales ? Quelle impression leur mélange crée-t-il ? Les couleurs sont-elles chaudes ou froides ?

2. Dans le poème de Rimbaud, relevez les termes appartenant aux champs lexicaux* du dessin et de la géométrie. Quelles lignes, quelles couleurs, quelles lumières y sont suggérées ?

3. Quels rapports pouvez-vous établir entre ce poème et ce tableau ?

2 Identifier le point de vue et l'interprétation

EXERCICE 4

Analyser une plongée et une contre-plongée.

1. Dans chacune des deux photographies, quelle est la position du photographe par rapport à la scène ?
Quelle impression le spectateur a-t-il face à ce(s) personnage(s) ? Qui domine ?

2. Choisissez, parmi les mots suivants, ceux qui vous semblent rendre compte du jugement du photographe :
admiration, moquerie, respect, pitié, mépris, étonnement, peur, amusement.

3. Écriture. Rédigez le commentaire que pourrait faire chacun des photographes sur les estivants et sur le jazzman.

➤ Photo de JEAN-PIERRE LELOIR, *Sonny Rollins en concert.*

➤ Photo de YANN ARTHUS-BERTRAND, *Plage aux environs de Saint-Tropez.*

3 Repérer les procédés de style et la tonalité

Exercice 5

Étudier des associations poétiques.

➤ HENRI MATISSE (1869-1954), *Intérieur au violon* (1917-18; huile sur toile; 115 x 89 cm; Copenhague, Statens Museum for Kunst). © Succession H. Matisse.

Matisse parle

Je défais dans mes mains toutes les chevelures
Le jour a les couleurs que lui donnent mes mains
Tout ce qu'enfle un soupir dans ma chambre est voilure
Et le rêve durable est mon regard demain [...]

J'explique sans les mots le pas qui fait la ronde
J'explique le pied nu qu'a le vent effacé
J'explique sans mystère un moment de ce monde
J'explique le soleil sur l'épaule pensée

J'explique un dessin noir à la fenêtre ouverte
J'explique les oiseaux les arbres les saisons
J'explique le bonheur muet des plantes vertes
J'explique le silence étrange des maisons [...]

Je rends à la lumière un tribut de justice
Immobile au milieu des malheurs de ce temps
Je peins l'espoir des yeux afin qu'Henri Matisse
Témoigne à l'avenir ce que l'homme en attend

LOUIS ARAGON, *Le Nouveau Crève-cœur* (1948), éd. Gallimard.

1. Dans le tableau de Matisse, cherchez les éléments qui suggèrent une association de sensations (couleurs, formes, mouvements, sons / silence, chaleur / fraîcheur...). Quelle tonalité* donnent-ils au tableau ?
Relevez les termes qui leur font écho dans le poème d'Aragon.

2. Dans le poème *Matisse parle* :
a) Qui désigne le *je* ?
b) J'explique est répété en début de vers. Cherchez l'étymologie de ce verbe. En quoi s'applique-t-il bien à l'art de la peinture ?
c) Quelle mission et quel pouvoir Aragon donne-t-il à la peinture ?

3. Quelle fonction partagent, selon vous, le peintre et le poète, les images et les mots ?

Exercice 6

Étudier une image métaphorique.

1. Qu'est-ce qui est personnifié* dans ce portrait ?

2. Le peintre utilise le procédé de la métaphore* qui superpose deux réalités : par quoi sont représentées les diverses parties du visage (bouche, nez, cheveux...) ?

3. Écriture. Rédigez les métaphores suggérées par le tableau.

➤ Giuseppe Arcimboldo (1527-1593), *L'Été* (1573 ; huile sur toile ; 76 x 64 cm ; Paris, Musée du Louvre).

4 Comprendre la fonction d'une image

Exercice 7

Retrouver une progression narrative.

1. Remettez les vignettes dans l'ordre. Observez les changements de prise de vue.

2. Parmi les personnages, qui est le héros* ? le destinateur* ? l'objet* ?

3. Écriture. Racontez la scène. N'oubliez pas de décrire les lieux, de présenter les personnages et de rapporter leurs paroles.

➤ Bande dessinée de Prado-Luna, *Manuel Montano* (1990), Norma Editorial SA.

Exercice 8

Comprendre une image argumentative.

1. À quel public s'adresse la publicité ci-dessous ? Quelle idée, quelle thèse* défend-elle ?

2. Quels moyens graphiques utilise-t-elle pour convaincre ? (composition, lignes, couleurs...)

3. Quel est le rôle du texte ? Quelle forme prend le slogan ? Quel niveau de langue domine dans les messages ?

4. Écriture. Composez un bref paragraphe *(15 lignes)* où vous chercherez, par trois arguments* au moins, à convaincre votre lecteur d'acheter ce produit.

➤ Publicité pour les imprimantes Hewlett Packard (1996).

Exercice 9

Analyser une image critique.

➤ Dessin de MORDILLO, *Un dangereux individu*, pour Amnesty International[1].

1. Décrivez la ville (lignes, couleurs...). Que remarquez-vous pour la maison du *dangereux individu* ? Déduisez-en le « crime » qu'il a commis et ce que critique l'affiche.

2. Écriture. Composez une lettre critique qui pourrait accompagner cette affiche, en conservant la tonalité* humoristique.

1. Association militant pour les droits de l'homme, notamment pour le droit à la différence, et dénonçant toutes les formes d'injustice.

5 Exploiter le rapport entre le texte et l'image

Exercice 10

Illustrer, expliquer, prouver, détourner.

➤ Photo de Tom Stoddart.

Observez cette photographie.

1. L'image seule est souvent polysémique* : inventez plusieurs légendes qui changeront le sens de cette photo.
Variez la fonction utilisée (raconter, décrire, expliquer, critiquer…) et la tonalité* (ironique, comique, poétique, nostalgique, dramatique, …).
Ex. : Tout le monde courait dans la rue; Le stress des gens pressés; À toute allure! Vivement qu'on s'arrête…

2. La véritable légende de la photo est : « *Allée des tireurs, Sarajevo (1992)* ».
Comparez-la aux légendes que vous avez inventées.

Exercice 11

Jouer avec le sens et la forme.

1. Récrivez le calligramme sans reproduire le dessin, comme un texte ordinaire. Qu'ajoute la disposition typographique ?

2. Écriture. Réalisez un calligramme à partir d'un poème du chapitre 11 « Étudier la poésie ».

➤ Exercice typographique de Jacques Carelman (né en 1929), *L'autobus de la porte Champerret*, pour les *Exercices de style* de Raymond Queneau, éd. Gallimard (1963).

Écrire et composer

CHAPITRE 13

Rédiger une description

LIRE ET OBSERVER

Un intrépide chasseur !

Alphonse Daudet, *Tartarin de Tarascon* (1872).

Imaginez-vous une grande salle tapissée de fusils et de sabres, depuis en haut jusqu'en bas ; toutes les armes de tous les pays du monde : carabines, rifles, tromblons, couteaux corses, couteaux catalans, couteaux-revolvers, couteaux-poignards, kriss malais, flèches caraïbes, flèches de silex, coups-de-poing, casse-tête, massues hottentotes, lazos mexicains, est-ce que je sais !

Par là-dessus, un grand soleil féroce qui faisait luire l'acier des glaives et les crosses des armes à feu, comme pour vous donner encore plus la chair de poule... Ce qui rassurait un peu pourtant, c'était le bon air d'ordre et de propreté qui régnait sur toute cette yataganerie[1]. Tout y était rangé, soigné, brossé, étiqueté comme dans une pharmacie ; de loin en loin, un petit écriteau bonhomme[2] sur lequel on lisait :

Flèches empoisonnées, n'y touchez pas !

Ou :

Armes chargées, méfiez-vous !

Sans ces écriteaux, jamais je n'aurais osé entrer.

Au milieu du cabinet, il y avait un guéridon. Sur le guéridon, un flacon de rhum, une blague[3] turque, les *Voyages* du capitaine Cook, les romans de Cooper, de Gustave Aimard, des récits de chasse : chasse à l'ours, chasse au faucon, chasse à l'éléphant, etc. Enfin, devant le guéridon, un homme était assis, de quarante à quarante-cinq ans, petit, gros, trapu, rougeaud, en bras de chemise, avec des caleçons de flanelle, une forte barbe courte et des yeux flamboyants ; d'une main il tenait un livre, de l'autre il brandissait une énorme pipe à couvercle de fer, et, tout en lisant je ne sais quel formidable récit de chasseurs de chevelures, il faisait, en avançant sa lèvre inférieure, une moue terrible, qui donnait à sa brave figure de petit rentier tarasconnais ce même caractère de férocité bonasse qui régnait dans toute la maison.

Cet homme, c'était Tartarin, Tartarin de Tarascon, l'intrépide, le grand, l'incomparable Tartarin de Tarascon. ■

1. Ensemble des armes énumérées plus haut (de *yatagan* : « sabre turc »).
2. Simple.
3. Petit sac dans lequel les fumeurs mettent le tabac.

Repérer

Dans ce début de roman, Daudet, en habile conteur, propose une double description : le cadre du récit et le croquis de son personnage principal. Ils sont esquissés à l'imparfait.

Des éléments d'ordre visuel

L'espace est organisé de façon rigoureuse grâce aux **prépositions** et locutions prépositionnelles encadrées en noir.
Des **énumérations** fournissent de nombreuses précisions quant aux objets de la pièce (sur fond gris) et au portrait du personnage (sur fond rose).

L'intervention du narrateur

Le regard du narrateur accompagne celui du lecteur, comme le prouvent :
– les **pronoms personnels** de la 1re et 2e personne encadrés en rouge ;
– les **verbes** de perception, jugement ou sentiment, soulignés en rouge.

Analyser et rédiger

● Daudet donne au lecteur matière à « imaginer » (l. 1) le pavillon et son propriétaire, en accumulant **des éléments d'ordre visuel**. Il agence l'antre du chasseur-collectionneur en le tapissant d'armes « depuis en haut jusqu'en bas » (l. 2).
L'**énumération** d'objets aux noms barbares donne l'impression d'un espace saturé et hétéroclite. Des **notations de couleur** relèvent le tableau : « le grand soleil féroce qui faisait luire l'acier des glaives » (l. 7), le teint « rougeaud » (l. 22) de Tartarin ou ses « yeux flamboyants » (l. 23).
La **comparaison** du cabinet avec une « pharmacie » (l. 11) superpose à l'image du bric-à-brac celle d'une pièce parfaitement organisée.
● La description est **ordonnée**. Après avoir exploré l'espace des murs, elle se concentre sur le guéridon « au milieu » (l. 17) pour se focaliser (« Enfin », l. 20) sur Tartarin lui-même.
Pour le lecteur, tout se déroule comme une visite guidée, dans la mesure où le **narrateur** l'associe à cette découverte en lui suggérant les impressions qu'il doit éprouver.
● Tous ces procédés (rétrécissement du champ de vision, emboîtement de la **description** et du **portrait**) font de ce début de roman une entrée en matière efficace, puisque visiter le cabinet, c'est déjà découvrir son propriétaire.
La description révèle deux composantes du caractère de Tartarin, résumées par l'expression « férocité bonasse » (l. 28) : il allie la placidité du « petit rentier » et du sage collectionneur, à l'intrépidité d'un rêveur d'aventures.

R E T E N I R

Dans la narration* dynamique d'événements que constitue un récit* (cf. CHAPITRE 8), la **description*** est une pause, une sorte d'arrêt sur image.

➤ *Dans le récit au passé,* cette immobilisation se signale par le passage du passé simple à l'imparfait (cf. CHAPITRE 6).

Décrire, c'est représenter ce qui se situe dans l'espace : le cadre des actions, des lieux, des objets, des personnages (on parle, dans ce dernier cas, de **portrait**).

1. Décrire, c'est souvent **donner à voir** des formes, des volumes, des couleurs, et permettre au lecteur d'imaginer des sensations auditives, olfactives ou tactiles.

➤ *Précision du vocabulaire, richesse des adjectifs, comparaisons* et métaphores** sont autant de moyens essentiels pour transcrire le réel. **EXERCICES 1 ET 2**

2. Décrire, c'est **choisir un point de vue***, c'est-à-dire des cadrages et des perspectives successifs, nettement signalés dans le texte par des indicateurs spatiaux (adverbes ou prépositions de lieu).

➤ *On peut partir d'un plan éloigné pour se rapprocher, ou commencer sur un détail pour élargir ensuite le champ de vision.* **EXERCICE 3**

Décrire, c'est se demander : *qui voit ?*
L'œil de celui qui regarde donne aux objets, aux paysages une **coloration affective** : la description communique alors les sensations, impressions ou sentiments de celui qui observe. **EXERCICE 4**

3. Décrire, c'est enfin enrichir une narration :
- **en donnant des informations** sur un lieu, un personnage qui prendront place dans le récit ;
- **en créant une atmosphère.** **EXERCICES 5 À 7**

S'EXERCER ET RÉDIGER

1 Donner à voir et à imaginer

Exercice 1

Décrire à partir d'une photographie.

ROBERT DOISNEAU, *La concierge* (1945).

1. Cette photo représente un personnage typiquement parisien.
Parmi les adjectifs suivants, quels sont ceux que vous pourriez utiliser pour décrire la concierge et transposer l'image en mots ?
corpulente, massive, anguleuse, carrée, costaude, charnue, filiforme, fluette, imposante, grasse, majestueuse, obèse.

2. Déterminez, à partir d'une observation minutieuse de la photo, trois traits dominants du caractère du personnage.
Quels détails vous ont permis de tirer ces conclusions ?

3. Classez les adjectifs suivants en trois séries de synonymes*.
Utilisez le dictionnaire pour vérifier le sens des mots que vous ne connaissez pas.
draconien, revêche, curieuse, acariâtre, rébarbative, tyrannique, autoritaire, indiscrète, fureteuse, hargneuse, intransigeante, inquisitrice.

4. Quel animal mythologique gardait la porte des Enfers ? Que désigne ce nom propre devenu nom commun ?

5. Préparez à votre tour des expressions imagées pour présenter le personnage.
Ex. : c'est le tyran des paliers, l'inquisiteur intraitable...

6. Écriture. En vous servant des réponses aux questions précédentes, rédigez le portrait du personnage photographié par Doisneau *(en 15 lignes)*. Pensez à lui choisir un nom qui soit déjà révélateur.

Exercice 2

Décrire en créant des images.

La grande exposition de blanc

Ce qui arrêtait ces dames, c'était le spectacle prodigieux de la grande exposition de blanc. [...] Les galeries s'enfonçaient, dans une blancheur éclatante, une échappée boréale[1], toute une contrée de neige, déroulant l'infini des steppes tendues d'hermine[2], l'entassement des glaciers allumés sous le soleil. [...]

Cependant, les magasins vivaient, du monde assiégeait les ascenseurs, on s'écrasait au buffet et au salon de lecture, tout un peuple voyageait au milieu de ces espaces couverts de neige. Et la foule paraissait noire, on eût dit les patineurs d'un lac de Pologne, en décembre. Au rez-de-chaussée, il y avait une houle assombrie, agitée d'un reflux, où l'on ne distinguait que les visages délicats et ravis des femmes. Dans les découpures des charpentes de fer, le long des escaliers, sur les ponts volants, c'était ensuite une ascension sans fin de petites figures, comme égarées au milieu de pics neigeux. Une chaleur de serre, suffocante, surprenait, en face de ces hauteurs glacées. Le bourdonnement des voix faisait un bruit énorme de fleuve qui charrie. Au plafond, les ors prodigués[3], les vitres niellées[4] d'or et les rosaces d'or semblaient un coup de soleil luisant sur les Alpes de la grande exposition du blanc.

ÉMILE ZOLA, *Au bonheur des dames* (1883).

1. Qui est au nord du globe terrestre.
2. Fourrure blanche d'un animal qui ressemble à la belette.
3. Employés sans souci d'économie.
4. Incrustées d'émail.

1. À quoi Zola compare-t-il le grand magasin ? Relevez toutes les expressions imagées qui le prouvent.

2. Quelles métaphores* et comparaisons* utilise-t-il pour évoquer les clients ? Relevez-en cinq dans le texte. Sur quel aspect de cette foule veut-il insister ?

3. Quels sens (vue, ouïe, toucher...) sont sollicités par cette description ? Citez les termes précis du texte.

4. Écriture. Décrivez à votre tour l'atmosphère d'un grand magasin ou d'un supermarché le jour des soldes *(20 lignes)*. Avant d'écrire, trouvez une métaphore ; préparez deux champs lexicaux* que vous vous efforcerez d'associer tout au long du devoir, pour créer une description* imagée.

2 Choisir un point de vue

EXERCICE 3

Élargir le champ de vision.

Strasbourg, vu d'en haut

D'où j'étais, la vue est admirable. On a Strasbourg sous ses pieds, vieille ville à pignons dentelés et à grands toits chargés de lucarnes, coupée de tours et d'églises, aussi pittoresque qu'aucune ville de Flandre. L'Ill et le Rhin, deux jolies rivières, égayent ce sombre amas d'édifices de leurs flaques d'eau claires et vertes. Tout autour des murailles s'étend à perte de vue, une immense campagne pleine d'arbres et semée de villages. Le Rhin, qui s'approche à une lieue de la ville, court dans cette campagne en se tordant sur lui-même. En faisant le tour du clocher, on voit trois chaînes de montagnes, les croupes de la Forêt-Noire au nord, les Vosges à l'ouest, au midi, les Alpes.

On est si haut que le paysage n'est plus un paysage ; c'est comme ce que je voyais sur la montagne de Heidelberg, une carte de géographie, mais une carte de géographie vivante, avec des brumes, des fumées, des ombres et des lueurs, des frémissements d'eaux et de feuilles, des nuées, des pluies et des rayons de soleil.

VICTOR HUGO, *Le Rhin*, II (1842).

1. D'où le narrateur* observe-t-il la ville ? Relevez trois indices dans le texte qui justifient votre réponse.

2. a) Retrouvez les quatre éléments du paysage sur lequel se pose successivement le regard du narrateur.
b) Choisissez les adjectifs qui qualifient le regard qu'il pose sur la ville :
oblique, panoramique, borné, circulaire, plongeant, ascendant.

3. Cherchez dans le dictionnaire le sens de l'adjectif *pittoresque* (l. 5). En quoi convient-il à cette description* ?

4. À quoi le narrateur compare-t-il le paysage dans le dernier paragraphe ? Quelle nouvelle sensation est ajoutée ici à la description ?

5. Dans la deuxième phrase du texte, quelles constructions grammaticales sont utilisées pour décrire l'organisation de l'espace ?
À l'aide de la liste de mots ci-dessous, rédigez une phrase descriptive qui utilise les mêmes procédés :
barré, rayé, hérissé, piqueté, submergé, surmonté, souligné, prolongé, parsemé, découpé.

6. Écriture. Faites la description d'un paysage que vous choisirez librement. La description se concentrera sur trois plans successifs que vous déterminez avant de commencer ; ordonnez-les de façon à

élargir progressivement le champ de vision du narrateur.
Plan 1 : La table de travail de votre chambre.
Plan 2 : La rue aperçue par la fenêtre.
Plan 3 : La ville ou la campagne à l'infini.

Exercice 4

Décrire de deux points de vue différents.

Regards sur la ville

On atteint Despina de deux manières : par bateau ou à dos de chameau. La ville se présente différemment selon qu'on y vient par terre ou par mer.

Le chamelier qui voit pointer à l'horizon du plateau les clochetons des gratte-ciel, les antennes radar, battre les manches à air blanches et rouges, fumer les cheminées, pense à un navire, il sait que c'est une ville mais il y pense comme à un bâtiment qui l'emporterait loin du désert, un voilier qui serait sur le point de lever l'ancre, avec le vent qui déjà gonfle les voiles pas encore larguées, ou un vapeur dont la chaudière vibre dans la carène[1] de fer, il pense à tous les ports, aux marchandises d'outre-mer que les grues déchargent sur les quais, aux auberges où les équipages de diverses nationalités se cassent des bouteilles sur la tête, aux fenêtres illuminées du rez-de-chaussée, avec à chacune une femme qui refait sa coiffure.

Dans la brume de la côte, le marin distingue la forme d'une bosse de chameau, d'une selle brodée aux franges étincelantes entre deux bosses tachetées qui avancent en se balançant, il sait qu'il s'agit d'une ville mais il y pense comme à un chameau, au bât[2] duquel pendent des outres[3] et des besaces de fruits confits, du vin de datte, des feuilles de tabac, et déjà il se voit à la tête d'une longue caravane qui l'emporte loin du désert de la mer, vers des oasis d'eau douce à l'ombre dentelée des palmiers, vers des palais aux gros murs de chaux, aux cours sur les carreaux desquelles dansent nu-pieds les danseuses, remuant les bras un peu dans leurs voiles et un peu en dehors.

Italo Calvino, *Les Villes invisibles* (1974), éd. du Seuil.

1. Partie immergée de la coque d'un navire.
2. Sorte de selle que l'on place sur le dos des chameaux pour le transport de leur charge.
3. Peau de bouc cousue en forme de sac.

1. Proposez un titre pour chaque paragraphe de ce texte.

2. Qu'est-ce qui fait l'originalité de la description* de cette ville ? Relevez, dans chacune des deux parties, les termes qui constituent les deux champs lexicaux* dominants.

3. Écriture. Décrivez un monument célèbre dans votre ville ou quelque part en France, du point de vue* d'un jeune enfant que ses parents ont contraint à la visite, puis du point de vue d'un historien passionné et spécialiste de la conservation du patrimoine.
Vous rédigerez deux paragraphes, de *15 lignes* chacun, à la troisième personne du singulier.
Avant d'écrire, consultez un guide touristique qui vous fournira les informations nécessaires à la deuxième description.

3 Enrichir une narration

Exercice 5

Informer sur un caractère.

Chambre d'adolescent

Écriture. En vous inspirant de l'extrait d'Alphonse Daudet (p. 108), décrivez la chambre d'un adolescent (ou votre propre chambre) en montrant en quoi elle renseigne sur la personnalité de celui qui l'occupe. Vous terminerez cette description* de la chambre par un bref portrait de l'habitant de ces lieux.
Avant d'écrire :
a) Établissez la progression de votre devoir en prévoyant le thème de trois paragraphes distincts ;
b) Mettez en évidence une ou deux caractéristiques du personnage ; préparez pour cela un champ lexical* approprié.

Exercice 6

Passer de la description au récit.

La concierge

Écriture. Intégrez le personnage que vous avez décrit dans l'exercice 1 (p. 111) dans une situation de votre choix, en tenant compte des caractéristiques que vous lui avez données. Imaginez, par exemple, ce qui s'est passé après la prise de vue par le photographe.

Exercice 7

Transmettre des émotions.

Une inquiétante maison

L'aspect champêtre de cette maison, les croisées et leurs jalousies[1] vertes, les trois marches de grès, les lierres, les clématites et les roses-thé qui s'enchevêtraient sur les murs jusqu'au toit, d'où s'échappait, un tuyau à girouette, un petit nuage de fumée, m'inspirèrent des idées de recueillement, de santé et de paix profonde. Les arbres d'un verger voisin montraient, à travers un treillis d'enclos, leurs feuilles rouillées[2] par l'énervante saison. Les deux fenêtres de l'unique étage brillaient des feux de l'Occident ; une niche où se tenait l'image d'un bienheureux[3] était creusée entre elles. Je mis pied à terre, silencieusement : j'attachai le cheval au volet et je levai le marteau de la porte, en jetant un coup d'œil de voyageur à l'horizon, derrière moi. [...]

J'étais dans cet état de lassitude, où les nerfs sensibilisés vibrent aux moindres excitations. Une feuille tomba près de moi ; son bruissement furtif me fit tressaillir. Et le magique horizon de cette contrée entra dans mes yeux ! Je m'assis devant la porte, solitaire.

Après quelques instants, comme le soir commençait à fraîchir, je revins au sentiment de la réalité. Je me levai très vite et je repris le marteau de la porte en regardant la maison riante.

Mais, à peine eus-je de nouveau jeté sur elle un regard distrait, que je fus forcé de m'arrêter encore, me demandant, cette fois, si je n'étais pas le jouet d'une hallucination.

Était-ce bien la maison que j'avais vue tout à l'heure ? [...] La maison me sembla changée à donner le frisson.

Villiers de L'Isle-Adam, *Contes cruels*, « L'intersigne » (1867).

1. Volets.
2. Tachées de rouille, brunies par la saison.
3. Image pieuse qui représente un saint.

1. Distinguez, dans ce texte, les passages descriptifs et narratifs. Justifiez votre réponse.

2. Le voyageur découvre une maison sur son chemin. Quelle impression lui procure-t-elle ?
Sur quels détails précis le narrateur* se fonde-t-il pour expliquer cette impression ?

3. Comment le narrateur explique-t-il que, quelques instants plus tard, la maison riante lui *sembla changée à donner le frisson* (l. 36) ? Expliquez le mot *hallucination* (l. 34) à l'aide du dictionnaire.

4. Écriture. Rédigez la suite du texte en décrivant à nouveau la maison, mais de façon à faire ressortir, cette fois, le sentiment de peur qu'elle fait naître chez son observateur.
Vous avez quelques choix à opérer avant de commencer à écrire. Recopiez les phrases qui correspondent aux options que vous avez prises.

a) Je rédige la description :
- ❑ *au présent*
- ❑ *à l'imparfait*
- ❑ *au passé composé*
- ❑ *au passé simple*

b) Je rédige le texte :
- ❑ *à la première personne du singulier*
- ❑ *à la troisième personne du singulier*

c) Je réutilise des éléments de la description de Villiers de l'Isle-Adam : ....

d) J'introduis de nouveaux éléments susceptibles de créer une impression de peur : ....

e) J'évoque des sensations (vue, son, odeur...) et leur associe des images subjectives (comparaisons*...).*

CHAPITRE 14

Rapporter un dialogue

LIRE ET OBSERVER

Toine couve des œufs

GUY DE MAUPASSANT, *Contes*, « Toine » (1886).

La mère Toine déclarait que c'était assez de nourrir ce gros suiffeux[1] à ne rien faire […]. D_1

Prosper Horslaville […], la voyant un jour plus exaspérée que de coutume, lui dit : D_2

« Hé ! la mé, savez-vous c'que j'f'rais, mé, si j'étais de vous ? »

Elle attendit qu'il s'expliquât, fixant sur lui son œil de chouette. Il reprit :

« Il est chaud comme un four, vot'homme, qui n'sort point de d'son lit. Eh ben, mé, j'li f'rais couver des œufs. » […]

La vieille, interdite[2], demanda :

« Ça se peut-il ? »

L'homme reprit :

« Si ça s'peut ? Pourqué que ça n'se pourrait point ? Pisqu'on fait ben couver d's œufs dans une boîte chaude, on peut ben en mett'couver dans un lit. »

Elle fut frappée par ce raisonnement et s'en alla, songeuse et calmée.

Huit jours plus tard elle entra dans la chambre de Toine avec son tablier plein d'œufs. Et elle dit : D_3

« J'viens d'mett'la jaune au nid avec dix œufs. En v'là dix pour té. Tâche de n'point les casser. »

Toine, éperdu, demanda :

« Qué que tu veux ? »

Elle répondit :

« J'veux qu'tu les couves, propre-à-rien. »

Il rit d'abord ; puis, comme elle insistait, il se fâcha, il résista, il refusa résolument de laisser mettre sous ses gros bras cette graine de volaille que sa chaleur ferait éclore.

Mais la vieille, furieuse, déclara :

« Tu n'auras point d'fricot[3] tant que tu n'les prendras point. J'verrons ben c'qu'arrivera. »

Toine, inquiet, ne répondit rien. ■

---

1. *(Terme péjoratif)* très gras. La mère Toine désigne son mari, paralysé et alité.
2. Très étonnée.
3. *(Familier)* Repas.

Repérer

Trois dialogues rapportés

Les dialogues sont surtout rapportés au style direct (sur fond rose).
On trouve aussi :
– du dialogue au style indirect (sur fond rouge),
– des silences (sur fond gris).

Les verbes introducteurs du dialogue

Encadrés en noir, ils donnent sa tonalité au dialogue.

La caractérisation des interlocuteurs

Soulignées en noir, des expressions précisent le ton des paroles prononcées, le sentiment qui les accompagne. L'orthographe, la syntaxe des paroles reflètent le milieu social et la personnalité des interlocuteurs.

Analyser et rédiger

- Le texte comporte trois dialogues, rapportés surtout au discours direct : la **ponctuation** et les **alinéas** indiquent les changements d'interlocuteurs.
- Maupassant, par les **verbes introducteurs**, donne le ton et désigne le « meneur » de ces dialogues. Dans le premier, le verbe « déclarer » (l. 1) révèle le caractère autoritaire de la mère Toine. Dans le deuxième, Prosper mène le jeu : il prend l'initiative (« dit », l. 4), montre de la suite dans les idées (« reprit », l. 7) ; la mère Toine, d'abord silencieuse, se limite à poser une question (« demanda », l. 10). Dans le troisième dialogue, c'est elle qui domine la conversation (« elle dit », « répondit », « insistait », « déclara »). Le père Toine est en position de demandeur soumis (« demanda », l. 22) et, même s'il s'agite avec un déluge de paroles (« se fâcha », « résista », « refusa », l. 26), il est réduit au silence (« ne répondit rien », l. 32).
- Quelques indications donnent le **ton** : ainsi, la vieille est tantôt « interdite » (l. 10), tantôt « furieuse » (l. 29) ; Toine est « éperdu » (l. 22) et « inquiet » (l. 32).
- Maupassant alterne différentes façons de rapporter les dialogues : le **style direct** garde l'expressivité des échanges « pris-sur-le-vif » (exclamations, questions…) ; le **style indirect** résume les passages moins essentiels (protestations de Toine). Des **silences** sont ménagés.
- Maupassant caractérise les interlocuteurs par leur **niveau de langue** : leur accent (matérialisé par l'orthographe), le vocabulaire familier (« homme » pour mari, « suiffeux », « fricot »…), les incorrections grammaticales (« si j'étais de vous », l. 5) indiquent qu'ils sont d'origine paysanne, populaire. Leur **façon de parler** (phrases affirmatives, courtes et incisives de la mère Toine, posées et structurées de Prosper) souligne leur personnalité.

RETENIR

Pour écrire un dialogue, il faut tenir compte de plusieurs éléments.

1. Ponctuer correctement les paroles.
Le style direct* est signalé par deux points et un passage à la ligne.
La première réplique est précédée de guillemets.
Tout changement d'interlocuteur* est indiqué par un passage à la ligne et un tiret.
Les précisions ponctuelles s'intègrent en incises *(dit-il, prétendit-elle)*.
La dernière réplique est suivie de guillemets qui marquent la fin du dialogue.
La reprise du récit est marquée par un passage à la ligne.

➤ *Le docteur Parent lui dit :*
« Voulez-vous que j'essaie de vous endormir, madame?
– Oui je veux bien. »
Elle s'assit. (Guy de Maupassant)

Au **style indirect***, guillemets, points d'interrogation et d'exclamation disparaissent.

EXERCICES 1 ET 2

2. Choisir des verbes introducteurs expressifs et variés :
- pour indiquer s'il s'agit d'une affirmation, d'une question, d'une réponse;
- pour préciser le timbre, le débit, l'élocution, le volume de la voix;
- pour caractériser le sentiment qui accompagne les paroles.

Ainsi on peut donner au dialogue sa tonalité*, sa coloration.

Au théâtre, il n'y a pas de verbes introducteurs (l'acteur doit « interpréter ») ; l'auteur donne parfois des indications sur le ton, les gestes (les didascalies*) :

➤ *L'employé, brusquement. — Ça ne me regarde pas.* (Eugène Labiche)

EXERCICES 3 À 6

3. Choisir la façon de rapporter le dialogue.
Dans un récit*, on ne peut pas rapporter un dialogue dans son intégralité, comme dans un enregistrement. Il faut raccourcir et choisir entre :

- **le style direct** : les paroles sont transcrites telles qu'elles ont été prononcées. On utilise le style direct pour les parties essentielles du dialogue, auxquelles il communique de la vivacité.
  ➤ *Il répondit : « Je partirai demain. »*

- **le style indirect** : les paroles sont rapportées sous forme de subordonnées dépendant d'un verbe principal. Il permet de raccourcir les passages moins importants du dialogue et de reformuler les paroles.
  ➤ *Il répondit qu'il partirait le lendemain.*

- **le style indirect libre** : les paroles sont rapportées avec les changements du style indirect (personne, temps, lieu), mais le verbe introducteur a été supprimé.
  ➤ *Il partirait le lendemain.*

EXERCICES 7 ET 8

4. Donner aux interlocuteurs une façon de parler qui les caractérise (par leur accent, leur vocabulaire, leur niveau de langue, la forme de leurs phrases...).

EXERCICE 9

S'EXERCER ET RÉDIGER

1 Bien ponctuer un dialogue

EXERCICE 1

Donner sens au dialogue par la ponctuation.

1. Ponctuez les phrases suivantes de deux façons qui donneront aux dialogues un sens complètement différent. Précisez à chaque fois quels sont les interlocuteurs* : l'énonciateur* (qui parle ?) et le destinataire* (à qui ?).

a) Les filles déclaraient les garçons ne sont pas des êtres supérieurs.

b) Le maître dit l'élève est un âne. C'est faux. Nous tenons à défendre notre ami.

c) Les joueurs prétendirent les spectateurs nous ont insultés. Nous avons protesté.

2. Écriture. Choisissez une des solutions trouvées et inventez la suite du dialogue.

EXERCICE 2

Expliciter un dialogue par la ponctuation.

La pêche à la baleine

À la pêche à la baleine, à la pêche à la baleine,
Disait le père d'une voix courroucée
À son fils Prosper, sous l'armoire allongé,
À la pêche à la baleine, à la pêche à la baleine,
Tu ne veux pas aller,
Et pourquoi donc ?
Et pourquoi donc que j'irais pêcher une bête
Qui ne m'a rien fait, papa,
Va la pêpé, va la pêcher toi-même,
Puisque ça te plaît,
J'aime mieux rester à la maison avec ma [pauvre mère
Et le cousin Gaston.
Alors dans sa baleinière le père tout seul s'en [est allé
Sur la mer démontée… […]
Et voilà sur sa chaise Prosper qui se désole
À la pêche à la baleine, je ne suis pas allé,
Et pourquoi donc que j'y ai pas été ?
Peut-être qu'on l'aurait attrapée,
Alors j'aurais pu en manger.
Mais voilà la porte qui s'ouvre, et ruisselant [d'eau
Le père apparaît hors d'haleine,
Tenant la baleine sur son dos […]
Et dit d'une voix lamentable
Dépêchez-vous de la dépecer,
J'ai faim, j'ai soif, je veux manger.
Mais voilà Prosper qui se lève […]
Et pourquoi donc je dépècerais une pauvre [bête qui m'a rien fait ?
Tant pis, j'abandonne ma part. […]

JACQUES PRÉVERT, *Paroles* (1946), éd. Gallimard.

1. Soulignez les paroles des personnages et restituez la ponctuation du dialogue (deux points, guillemets, tirets…).

2. Écriture. Rédigez la suite de ce poème en faisant parler directement tous les personnages, y compris la baleine.

2 Varier les verbes introducteurs du dialogue

EXERCICE 3

Choisir des verbes introducteurs expressifs.

Histoire d'une fille de ferme

Elle se dressa sur son séant, puis, la voix changée, sifflante :

« J'en ai un éfant[1], moi, j'en ai un ! je l'ai eu avec Jacques ; tu sais bien, Jacques. Il devait m'épouser : il est parti. »

L'homme, stupéfait, restait là, aussi éperdu qu'elle-même ; il ……a…… :

« Qué que tu dis ? qué que tu dis ? »

Alors elle se mit à sangloter, et à travers ses larmes ruisselantes elle ……b…… :

« C'est pour ça que je ne voulais pas t'épouser, c'est pour ça. Je ne pouvais point te le dire, tu m'aurais mise sans pain avec mon petit. » […]

Il ……c…… machinalement, dans une surprise grandissante :

« T'as un éfant ? t'as un éfant ? […] C'est

de ma faute alors si je t'en ai pas fait ? »
....

Elle ne .... pas. Il se remit à marcher ; puis, s'arrêtant de nouveau, il .... :

« Quel âge qu'il a ton petiot ? »

Elle .... :

« V'là qu'il va avoir six ans. »

Il .... encore :

« Pourquoi que tu ne me l'as pas dit ? »

Elle .... :

« Est-ce que je pouvais ! »

Il restait debout immobile.

« Allons, lève-toi », ... [...]

Et comme elle demeurait bouleversée, il .... :

« Eh bien, on ira le chercher, c't'éfant, puisque nous n'en avons pas ensemble. »

GUY DE MAUPASSANT, *Contes* (1885).

1. Prononciation déformée pour « enfant ».

1. Remplacez les pointillés par les verbes introducteurs de la liste suivante :
murmura, dit-il, bredouillait, répétait, gémit, dit-il, ajouta, balbutia, demanda, répondit, demanda.

2. Choisissez les adjectifs qui vous semblent qualifier la tonalité* de ce dialogue :
vif, divertissant, mouvementé, poignant, alerte, dramatique, sombre, fantaisiste.

EXERCICE 4

Trier les verbes introducteurs.

Classez, selon le critère proposé, les verbes de chaque liste ; trouvez-en d'autres.

a) Question ou réponse ?
affirmer, avouer, demander, réclamer, supplier, indiquer, déclarer, questionner, s'inquiéter, s'enquérir, repartir, interroger, appeler, répondre, confesser.

b) Voix faible ou forte ?
crier, tempêter, geindre, exploser, bougonner, s'époumoner, rugir, susurrer, murmurer, chuchoter, s'égosiller, souffler, confier, tonner, claironner.

c) Intervention timide ou tranchante ?
couper, interrompre, bredouiller, bégayer, rétorquer, hésiter, balbutier, répliquer, riposter, bafouiller, trancher.

EXERCICE 5

Remplacer le verbe « dire ».

Mort d'une souris triste

La souris décide d'en finir et demande son aide au chat...

« Alors, dit le chat, si c'est comme ça je veux bien te rendre ce service, mais je ne sais pas pourquoi je dis « si c'est comme ça », parce que je ne comprends pas du tout.

— Tu es bien bon, dit la souris.

— Mets ta tête dans ma gueule, dit le chat, et attends.

— Ça peut durer longtemps ? demanda la souris.

— Le temps que quelqu'un me marche sur la queue, dit le chat ; il me faut un réflexe rapide. Mais je la laisserai dépasser, n'aie pas peur. »

La souris écarta les mâchoires du chat et fourra sa tête entre les dents aiguës. Elle la retira presque aussitôt.

« Dis donc, dit-elle, tu as mangé du requin, ce matin ?

— Écoute, dit le chat, si ça ne te plaît pas, tu peux t'en aller. Moi, ce truc-là, ça m'assomme. Tu te débrouilleras toute seule. »

Il paraissait fâché.

« Ne te vexe pas, dit la souris. »

Elle ferma ses petits yeux noirs et replaça sa tête en position. Le chat laissa reposer avec précaution ses canines acérées sur le cou doux et gris. [...] Il venait, en chantant, onze petites filles aveugles de l'orphelinat de Jules l'Apostolique.

BORIS VIAN, *L'Écume des jours* (1946),

1. Boris Vian utilise le verbe *dire* pour donner au dialogue une neutralité voulue. Explicitez sa tonalité* émouvante :
a) en remplaçant le verbe *dire* par des verbes introducteurs plus expressifs ;
b) en ajoutant des compléments circonstanciels précisant la manière dont sont prononcées les phrases (*d'une voix ..., sur un ton ..., avec des accents ...*).

2. Écriture. *Le lendemain, le chat demande son aide au chien...* Imaginez le dialogue entre les deux personnages.

Exercice 6

Mettre en scène un dialogue.

Conversation

Le porte-monnaie :
Je suis d'une incontestable utilité c'est un fait
Le porte-parapluie :
D'accord mais tout de même il faut bien reconnaître
Que si je n'existais pas il faudrait m'inventer
Le porte-drapeau :
Moi je me passe de commentaires
Je suis modeste et je me tais
D'ailleurs je n'ai pas le droit de parler
Le porte-bonheur :
Moi je porte bonheur parce que c'est mon métier
Les trois autres (hochant la tête) :
Jolie mentalité !

Jacques Prévert, *Paroles* (1946), éd. Gallimard.

1. Ce poème a la forme d'une petite scène de théâtre. « Dirigez » chaque acteur en ajoutant des verbes introducteurs ou des précisions (en didascalies*) sur la voix, le débit, le ton, les mimiques…

2. Écriture. Faites intervenir, à la suite de cette *conversation*, le porte-clés, le porte-avions, le porte-plume, le porte-voix, le porte-savon… Ayez soin de leur donner une personnalité et un ton bien à eux, en accord avec leur fonction.

3 Choisir entre le style direct et le style indirect

Exercice 7

Repérer les différents styles.

Le Chat, la Belette et le petit Lapin

La Belette s'est emparée du « logis » de Janot Lapin pendant son absence…

« O Dieux hospitaliers, que vois-je ici paraître ?
Dit l'animal chassé du paternel logis.
Holà ! Madame la Belette,
Que l'on déloge sans trompette,
Ou je vais avertir tous les Rats du pays. »
La dame au nez pointu répondit que la terre
Était au premier occupant.
C'était un beau sujet de guerre
Qu'un logis où lui-même il n'entrait qu'en rampant.
« Et quand ce serait un Royaume
Je voudrais bien savoir, dit-elle, quelle loi
En a pour toujours fait l'octroi[1]
À Jean, fils ou neveu de Pierre ou de Guillaume,
Plutôt qu'à Paul, plutôt qu'à moi ! »
Jean Lapin allégua la coutume et l'usage.
« Ce sont, dit-il, leurs lois qui m'ont de ce logis
Rendu maître et seigneur, et qui, de père en fils,
L'ont de Pierre à Simon, puis à moi, Jean, transmis.
Le premier occupant, est-ce une loi plus sage ?
– Or bien, sans crier davantage,
Rapportons-nous, dit-elle, à Raminagrobis[2]. »

Jean de La Fontaine, *Fables*, VII, 13 (1678).

1. Don.
2. Nom du Chat qui sera juge.

1. Repérez le style indirect*. Pourquoi, selon vous, La Fontaine l'a-t-il utilisé ?

2. Qui prononce la phrase aux vers 8 et 9 ? S'agit-il de style direct, indirect ou indirect libre* ?

3. Remplacez les répliques au style direct par le style indirect ; puis comparez le résultat avec le texte original de la fable.

Exercice 8

Jouer avec les styles.

Qui partira ?

L'auteur s'apprête à partir en pèlerinage. Il ne sait quels vêtements choisir…

Chaque objet comparaît, se lève, comme s'il ressuscitait de l'anonymat où il reposait depuis de longues années, parle haut et clair, tempête, exige. Un débat violent met aux prises mon pull-over en laine d'Écosse et ma veste de coton. Car le premier est lourd et il est obligé d'en convenir ; mais que je songe un instant au froid de la nuit qui m'attend peut-être au pied d'un monastère dont les portes refusent de s'ouvrir. La veste de coton gaufré me fait remarquer combien elle est légère – ce que je ne saurais nier – et, avec un ricanement à l'adresse de son rival, qu'à ce jour nous n'avons pas eu à nous plaindre du froid. Que l'on m'imagine, en revanche, invité à la table de l'Igoumène[1] et m'y présentant moulé dans cette laine pour matelot ! Le pull-over rétorque que les chances d'une promotion sociale aussi rapide sont dérisoires[2], que son rival est un snob, que de plus il n'est ni très frais ni repassé, que mieux vaut un matelot net qu'un monsieur maculé[3] et que de toute façon l'Igoumène a fait vœu de pauvreté. La veste à son tour réplique… Il devient évident que je ne m'en sortirai pas et qu'il me faut prendre les deux, serrant les adversaires dans les bras l'un de l'autre, glissés sur le sac, retenus par le rabat. Et maintenant, le chapeau. Il me regarde avec ironie. Américain, il appartient au genre cow-boy. Lui, parmi les moines, c'est ridicule, j'en conviens, et il veut bien l'admettre. De plus, je ne porte jamais de chapeau. C'est là qu'il me tient, ici qu'il ricane. Car je ne suis plus jeune, n'est-ce pas, et que… Bon, ça va, tu viens !

JEAN BLOT, *La Montagne sainte* (1984), éd. Albin Michel.

1. Dignitaire religieux orthodoxe dans un monastère.
2. Minimes, ridiculement improbables.
3. Taché.

1. Identifiez les différents interlocuteurs*.

2. Relevez les verbes introducteurs, les indications sur la façon de parler et sur le caractère des « personnages ».

3. Dans ce *débat*, repérez les passages au style indirect*, puis ceux au style indirect libre*. Qui prononce la dernière phrase ? Comment est-elle rapportée ? Quel effet l'auteur tire-t-il de ces changements ?

4. Retranscrivez ce débat en style direct*, en tenant compte de la personnalité de chaque interlocuteur.

5. Écriture. *Un professeur a disparu. On mène l'enquête.* Transcrivez l'interrogatoire de trois suspects : l'un au style direct, le second au style indirect, le dernier au style indirect libre.

4 Caractériser un personnage par le dialogue

EXERCICE 9

Donner une façon de parler.

Colloque sentimental

Dans le vieux parc solitaire et glacé,
Deux formes ont tout à l'heure passé.

Leurs yeux sont morts et leurs lèvres sont molles,
Et l'on entend à peine leurs paroles.

Dans le vieux parc solitaire et glacé,
Deux spectres ont évoqué le passé.

— Te souvient-il de notre extase ancienne ?
— Pourquoi voulez-vous donc qu'il m'en souvienne ?

— Ton cœur bat-il toujours à mon seul nom ?
Toujours vois-tu mon âme en rêve ? — Non.

— Ah ! les beaux jours de bonheur indicible
Où nous joignions nos bouches ! — C'est possible.

— Qu'il était bleu, le ciel, et grand, l'espoir !
— L'espoir a fui, vaincu, vers le ciel noir.

Tels ils marchaient dans les avoines folles,
Et la nuit seule entendit leurs paroles.

PAUL VERLAINE, *Fêtes galantes* (1869).

1. Identifiez par deux lettres (*X* et *Y*) les interlocuteurs* de ce *colloque*.

2. Devinez leur personnalité.
a) Comparez la longueur des répliques.
b) Quel type de phrase (affirmative, interrogative) chacun d'eux préfère-t-il ?
c) Se tutoient-ils ou se vouvoient-ils ?
d) Quels sont les thèmes favoris de chacun ?

3. Attribuez à chacun les adjectifs qui lui conviennent :
enthousiaste, distant, attaché au passé, froid, bref, lyrique, brutal, passionné, agacé, insensible, pessimiste, cruel, amer, sentimental, désabusé, amoureux.

4. Écriture. Faites dialoguer deux personnages en révélant leur personnalité par leurs paroles. *Ex : un sportif et un artiste…*

CHAPITRE

15 Faire fonctionner un dialogue

LIRE ET OBSERVER

Figure-toi que…

Eugène Labiche, *Un chapeau de paille d'Italie*, I, 3 (1851).

Fadinard. — […] Félix !…

Félix. — Monsieur !…

Fadinard. — Figure-toi…

Félix. — Monsieur arrive seul ?… et la noce de Monsieur ?….

Fadinard. — Elle est en train de s'embarquer à Charentonneau… dans huit fiacres… J'ai pris les devants pour voir si rien ne cloche dans mon nid conjugal… Les tapissiers ont-ils fini ?…. A-t-on apporté la corbeille, les cadeaux de noces ?….

Félix — Oui, Monsieur… tout est là dans la chambre…

Fadinard. — Très bien !… Figure-toi que, parti ce matin à huit heures de Charentonneau…

Vézinet, *à lui-même.* — Mon neveu se fait bien attendre…

Fadinard, *apercevant Vézinet.* — L'oncle Vézinet !… *(À Félix)* Va-t'en !… J'ai mieux que toi !… *(Félix se retire au fond; commençant son récit.)* Figurez-vous que, parti…

Vézinet. — Mon neveu, permettez-moi de vous féliciter… *(Il cherche à embrasser Fadinard.)*

Fadinard. — Hein ?…. quoi ?…. Ah ! oui… *(Ils s'embrassent. À part.)* On s'embrasse énormément dans la famille de ma femme !… *(Haut, reprenant le ton du récit.)* Parti ce matin à huit heures de Charentonneau… […]

Vézinet. — Je viens d'apporter mon cadeau de noces…

Fadinard, *lui serrant la main.* — C'est gentil de votre part… *(Reprenant son récit.)* J'étais dans mon cabriolet… je traversais le bois de Vincennes… tout à coup je m'aperçois que j'ai laissé tomber mon fouet…

Vézinet. — Mon neveu, ces sentiments vous honorent.

Fadinard. — Quels sentiments !… Ah ! sapristi ! j'oublie toujours qu'il est sourd !… ça ne fait rien… *(Continuant.)* Comme le manche est en argent, j'arrête mon cheval et je descends… À cent pas de là, je l'aperçois dans une touffe d'orties… je me pique les doigts.

Vézinet. — J'en suis bien aise.

Fadinard. — Merci !… je retourne… plus de cabriolet !… ■

Repérer

Trois types de dialogues

D_1 : Dialogue qui **fonctionne** normalement et logiquement.
D_2 : Dialogue qui **ne fonctionne pas**, absence de communication.
Dialogues **« hors normes »** : les personnages se parlent à eux-mêmes.

Les indices du fonctionnement d'un dialogue

Les mots qui indiquent les **interlocuteurs** sont sur fond rouge dans D_1, puis sur fond gris dans D_2.
Les termes qui précisent le type de **rapports entre les personnages** (familiarité, politesse...) sont soulignés en rouge, puis en noir.
La **ponctuation** signale la succession des répliques et les interruptions.
Les expressions qui signalent les **thèmes** abordés sont encadrées en rouge, puis en noir.

Analyser et rédiger

Cette scène présente **trois types de dialogues** : le premier fonctionne logiquement et introduit situation et personnages; le second présente un dysfonctionnement et donne une tonalité comique; le troisième, constitué d'apartés, sort des normes de la communication.

- Le premier dialogue met en présence un maître et son domestique; leurs **rapports** sont évidents dès le début grâce à leur interpellation mutuelle (« Félix ! », « Monsieur ! ») : le respect de Félix se marque dans la formule de politesse, à la troisième personne du singulier (« Monsieur arrive seul ? », l. 4) ; à l'inverse, le maître tutoie son serviteur (« Figure-toi », l. 3). Les **répliques** se présentent selon un **ordre logique** : le plus souvent, une question est suivie d'une réponse. Les interlocuteurs parlent du **même sujet** : le champ lexical du mariage sert de fil conducteur à toute leur conversation (« noce », « conjugal »...). Enfin, les deux interlocuteurs « s'entendent », parviennent à un **accord** (« Oui », l. 9; « Très bien », l. 10). Fadinard est le **meneur** : il pose les questions, donne les ordres.
- Le deuxième dialogue présente certains aspects d'un dialogue qui fonctionne. L'**identité** des personnages (un oncle et son neveu) et leurs **rapports** sont clairs : ils se vouvoient, ce qui les met sur un pied d'égalité. La succession des répliques semble parfois cohérente, du moins dans leur forme.

Mais, en fait, le dialogue ne fonctionne pas. Il n'y a **pas de meneur** ; chaque interlocuteur suit un **fil conducteur différent** : Vézinet parle de la « noce » et de « sentiments », tandis que Fadinard persiste à vouloir raconter sa mésaventure (« cabriolet », « fouet », « cheval »...). Les réponses de Vézinet, elles, sont totalement **incongrues**, sans rapport avec les répliques de Fadinard : après « je me pique les doigts » (l. 30), on attend une marque de compassion ; or, Vézinet répond : « J'en suis bien aise » (l. 31) ! L'étonnement de Fadinard (l. 32) et l'ironie de son « Merci » indiquent qu'il a lui-même perçu que le dialogue ne fonctionnait pas. Le ton résigné de « ça ne fait rien » (l. 28) montre qu'il abandonne la partie : le dialogue se fait **monologue**. La raison de l'échec de la communication est la **surdité** de Vézinet (l. 27-28). Le **comique** naît de ce dialogue de sourds, de son dysfonctionnement même.

● Par moments, les personnages sortent du dialogue et communiquent **en aparté**, avec eux-mêmes ou avec le public : « Hein ?... quoi ?... Ah ! oui ! » (l. 18) est le raccourci de tout un dialogue intérieur, où se succèdent la surprise, puis l'explication rationnelle.

RETENIR

Le dialogue est un entretien entre plusieurs personnes qui veulent communiquer. Pour écrire un dialogue, il faut opérer des choix :

➤ *Quel sera son fonctionnement, logique ou non ?*
➤ *Qui seront les interlocuteurs* ? le meneur ?*
➤ *Le dialogue sortira-t-il des « normes* » ?*

1. Assurer le bon fonctionnement d'un dialogue.

• Pour qu'un dialogue fonctionne, il faut que :
— les **interlocuteurs** s'expriment conformément à leur personnalité ou fonction ;
— l'**échange** d'informations soit cohérent et logique :
dans la forme et la succession des répliques *(question / réponse)*,
dans les thèmes ou les sujets abordés *(autour d'un fil conducteur)*,
dans la progression des thèmes, qui donne sa structure au dialogue.

• Le dialogue comprend le plus souvent un **« meneur de jeu »**, qui dirige les échanges de paroles.

• La communication ne repose pas seulement sur le sens des mots : forme des phrases, intonations et gestes soutiennent le dialogue. **EXERCICES 1 ET 2**

2. Opter pour le dysfonctionnement* du dialogue.

• Des paroles peuvent être échangées, mais la communication échoue manifestement : on parle de **dialogue de sourds**.

• Le dialogue semble parfois très bien fonctionner, mais il repose en fait sur des bases erronées : c'est le **quiproquo***, ou malentendu. **EXERCICES 3 À 5**

3. Choisir un type de dialogue particulier, « hors normes ».

• Le dialogue peut être **tronqué** : il y a bien échange de paroles, mais un seul des interlocuteurs a la parole.

• Il peut sortir des normes, des conventions :
— au théâtre : un personnage dialogue avec lui-même ou s'adresse au public (c'est l'**aparté***) ;
— dans le roman à la 1re personne : le narrateur* dialogue avec le lecteur.

EXERCICES 6 ET 7

S'EXERCER ET RÉDIGER

1 Mettre en place les éléments du dialogue

Exercice 1

Repérer les éléments de la communication.

Un mot pour un autre

MME DE PERLEMINOUZE : Hélas ! Chère ! J'étais moi-même très, très vitreuse ! Mes trois plus jeunes tourteaux ont eu la citronnade, l'un après l'autre. Pendant tout le début du corsaire, je n'ai fait que nicher des moulins, courir chez le ludion ou chez le tabouret, j'ai passé des puits à surveiller leur carbure, à leur donner des pinces et des moussons. Bref, je n'ai pas eu une minette à moi.

MME : Pauvre chère ! Et moi qui ne me grattais de rien !

MME DE PERLEMINOUZE : Tant mieux ! Je m'en recuis ! Vous avez bien mérité de vous tartiner, après les gommes que vous avez brûlées ! Poussez donc : depuis le mou de Crapaud jusqu'à mi-Brioche, on ne vous a vue ni au « Water-proof », ni sous les alpagas du bois de Migraine ! Il fallait que vous fussiez vraiment gargarisée !

MME *(soupirant)* : Il est vrai !... Ah ! Quelle céruse ! Je ne puis y mouiller sans gravir [...]. Mais j'y touille, vous flotterez bien quelque chose ; une cloque de zoulou, deux doigts de loto ?

MME DE PERLEMINOUZE *(acceptant)* : Merci, avec grand soleil.

JEAN TARDIEU, *La Comédie du langage* (1951), éd. Gallimard.

1. Le dialogue semble parfaitement « fonctionner » : qu'est-ce qui le prouve ?

2. Relevez une ou deux phrases et « traduisez-les » en langage courant. Les mots soulignés sont facilement « traduisibles ». Classez-les selon ce qui vous permet de les comprendre : ressemblance avec d'autres sons, cliché*, forme de la phrase (exclamative, interrogative...)...

3. Qu'est-ce qui rend la communication plus facile lorsque le texte est représenté sur scène ? Que veut faire comprendre Tardieu sur le rôle des mots ?

4. Écriture. Inventez une conversation où les personnages continueraient à « *prendre les mots les uns pour les autres* » (Tardieu). Votre dialogue doit cependant être compréhensible. Préparez des didascalies* pour le mettre en scène.

Exercice 2

Retrouver la logique d'un dialogue.

Dialogue de bêtes

a) KIKI-LA-DOUCETTE : Mais... rien.
b) TOBY-CHIEN, *ironique* : Pour changer.
c) KIKI-LA-DOUCETTE : Ça n'a rien d'étonnant, d'ailleurs. Ici, Elle me les rogne, à cause des tentures... Enfin ! *(emphatique)* Il faut subir ce qu'on ne peut empêcher.
d) TOBY-CHIEN : Tiens !
e) TOBY-CHIEN : Qu'est-ce que tu fais aujourd'hui ?
f) KIKI-LA-DOUCETTE : Moi, c'est le contraire.
g) TOBY-CHIEN : Voilà bien trois heures que je suis éternel.
h) TOBY-CHIEN : Mes ongles poussent plus vite ici qu'à la campagne.
i) KIKI-LA-DOUCETTE : Pardon, pour ne pas changer. Quelle est cette rage de changement qui vous possède tous ? Changer, c'est détruire. Il n'y a d'éternel que ce qui ne bouge pas.

D'après COLETTE, *Dialogues de bêtes* (1904).

1. Les répliques ont été mélangées : quels indices le montrent ?

2. Les interlocuteurs* vous semblent-ils d'accord ? Citez des phrases précises.

3. Repérez les trois thèmes du dialogue. Que désignent *ça* et *les* dans la réplique *c)* ?

4. Remettez les répliques dans l'ordre, en commençant par la réplique *h)*.

2 Jouer avec les difficultés de la communication

■ Exercice 3

Repérer pourquoi un dialogue ne fonctionne pas.

Document 1. Tonnerre de Brest !

Hergé, *L'Affaire Tournesol* (1955), éd. Casterman.

Texte 2. Offenser grand-mère

Bélise et Philaminte, pédantes excentriques, veulent apprendre à la servante Martine à parler correctement.

Bélise : Veux-tu toute ta vie offenser la
[grammaire ?
Martine : Qui parle d'offenser grand-mère ni
[grand-père ?
Philaminte : Ô Ciel !
Bélise : *Grammaire* est prise à contresens par
[toi,
Et je t'ai dit déjà d'où vient ce mot.
Martine : Ma foi !
Qu'il vienne de Chaillot, d'Auteuil ou de
[Pontoise,
Cela ne me fait rien.
Bélise : Quelle âme villageoise !
La grammaire, du verbe et du nominatif[1],
Comme de l'adjectif avec le substantif,
Nous enseigne les lois.
Martine : J'ai, Madame, à vous dire
Que je ne connais point ces gens-là.
Philaminte : Quel martyre !
Bélise : Ce sont les noms des mots, et l'on doit
[regarder
En quoi c'est qu'il les faut faire ensemble
[accorder.
Martine : Qu'ils s'accordent entre eux, ou se
[gourment[2], qu'importe ?

Molière, *Les Femmes savantes*, II, 6 (1672).

---

1. Forme grammaticale d'un mot.
2. Se battre à coups de poing.

Texte 3. Prenez le mot « front »

Le professeur : Pour vous donner un exemple qui n'est guère qu'une illustration, prenez le mot « front »... [...]

L'élève : J'ai mal aux dents.

Le professeur : Continuons... J'ai dit : « Continuons. » Prenez donc le mot français « front ». L'avez-vous pris ?

L'élève : Oui, oui. Ça y est. Mes dents, mes dents...

Le professeur : Le mot « front » est racine dans « frontispice ». Il l'est aussi dans « effronté ». « Ispice » est suffixe, et « ef » préfixe. On les appelle ainsi parce qu'ils ne changent pas. Ils ne veulent pas.

L'élève : J'ai mal aux dents.

Le professeur : Continuons. Vite. Ces préfixes sont d'origine espagnole, j'espère que vous vous en êtes aperçue, n'est-ce pas ?

L'élève : Ah ! ce que j'ai mal aux dents.

Eugène Ionesco, *La Leçon* (1951), éd. Gallimard.

1. Dans ces trois dialogues de sourds, repérez les marques de dysfonctionnement*.

2. Déterminez précisément la raison pour laquelle la communication échoue.

3. Relisez le poème de Verlaine « *Colloque sentimental* » (p. 121) et dites si le dialogue vous semble fonctionner.

4. Écriture. Composez un dialogue où la communication ne s'établit pas et donnez-lui une tonalité* comique.

Exercice 4

Construire un quiproquo comique.

Bric-à-brac

J'avais un peu d'argent, je dis :
« Tiens ! Je vais me faire construire une petite maison. »
Je vois un entrepreneur de béton armé. Je lui dis :
« Ça va me coûter combien ?
— Quinze briques !
— Bon ! Je vais me renseigner… »
Je vais voir un copain qui est du bâtiment. Je lui dis :
« Une brique… combien ça vaut ?
— Deux thunes ! »
Je retourne voir l'entrepreneur de béton armé. Je lui dis :
« Pour une thune, qu'est-ce que je peux avoir ?
— Des clous ! »
Je retourne voir mon copain. Je lui dis :
« Dis donc, il veut me faire payer les clous !
— Il n'a pas le droit ! »
Je refonce voir l'entrepreneur de béton armé… Je lui dis :
« Je veux bien payer, mais pas pour des clous !
— Vous n'êtes pas obligé de payer comptant…
— Content ou pas content, je suis obligé de payer ?
— Oui, quinze briques !
— Bon, je vais me renseigner. »

Raymond Devos, *Ça n'a pas de sens* (1981), éd. Denoël.

1. Le quiproquo*, ou malentendu, repose ici sur des expressions à double sens. Relevez des mots empruntés à l'argot et précisez leur sens propre, puis argotique.

2. Relevez une confusion qui n'est possible qu'à l'oral et provient de l'homophonie* de deux mots.

3. Écriture. Composez un dialogue comique qui repose sur un quiproquo. Vous utiliserez le double sens des mots ou l'homophonie, et éventuellement le langage populaire.
Ex. : un marron, râpé…

Exercice 5

Repérer un quiproquo poignant.

J'aime quelqu'un

Cyrano, défiguré par un nez démesuré, n'a jamais osé avouer son amour à Roxane, sa cousine, qui lui fait ses confidences…

Roxane, *sans quitter sa main.*
[…] Voilà. J'aime quelqu'un.
Cyrano. Ah !….
Roxane. Qui ne le sait pas d'ailleurs.
Cyrano. Ah !….
Roxane. Pas encore.
Cyrano. Ah !….
Roxane. Mais qui va bientôt le savoir, s'il l'ignore.
Cyrano. Ah !…
Roxane. Un pauvre garçon qui jusqu'ici m'aima
Timidement, de loin, sans oser le dire…
Cyrano. Ah !….
Roxane. — Laissez-moi votre main, voyons, [elle a la fièvre. —
Mais moi j'ai vu trembler les aveux sur sa lèvre.
Cyrano. Ah !….
Roxane, *achevant de lui faire un petit bandage avec son mouchoir.*
Et figurez-vous, tenez, que, justement
Oui, mon cousin, il sert dans votre régiment !
Cyrano. Ah !…
Roxane, *riant.* Puisqu'il est cadet dans votre [compagnie !
Cyrano. Ah !….
Roxane. Il a sur son front de l'esprit, du génie,
Il est fier, noble, jeune, intrépide, beau…
Cyrano, *se levant tout pâle.* Beau !
Roxane. Quoi ? Qu'avez-vous ?
Cyrano. Moi, rien… C'est… c'est…
Il montre sa main, avec un sourire.
C'est ce bobo.

Edmond Rostand, *Cyrano de Bergerac*, II, 6 (1897).

1. Un quiproquo* peut être dramatique. Que veut confier Roxane à Cyrano ? Que croit comprendre Cyrano ?

2. Quel mot rend ce quiproquo possible ? Quel mot dissiperait le malentendu ? À quelle réplique le quiproquo disparaît-il ?

3. Écriture. Imaginez un quiproquo dû à la répétition, par un des interlocuteurs*, d'un mot vague *(cela, là, quelque chose).*

3 Créer des dialogues particuliers

Exercice 6

Jouer avec les conventions théâtrales.

Allez, devinez ?

Xanthias, esclave de Vomicléon, s'avance sur scène et s'adresse au public...

XANTHIAS. — Alors, à présent, que j'expose le sujet aux spectateurs [...]. Nous avons un patron, *[Montrant le premier étage]* lui, là-haut, le grand qui roupille sur le toit. C'est lui qui nous a enjoint d'avoir l'œil sur son père, qu'il a bouclé dedans pour l'empêcher de sortir dehors : il est malade, son père, d'un mal abracadabrant [...]. Allez, devinez ? *[Tendant le doigt vers un spectateur]* Tiens, il y a le nommé Champion, là, qui dit que c'est une trictrachéite[1] ! Zéro pour la question : pardi ! c'est d'après lui-même qu'il fait son diagnostic ! Non, ce n'est pas ça. Mais il y a bien de l'« -ite » à la queue de son mal. Ah ! il y a celui-ci qui dit à son voisin : « picolite biberonnante » ! Pas du tout : ça c'est la maladie de tous les braves gens ! À qui le tour ? Nicostrate, qui dit : « crétinite superstitieuse » ou bien « dilapidite hospitalière » ? Erreur, mon vieux ! Ce n'est pas ça, nom d'un chien, rien à voir [...]. Vous n'y êtes pas, vous ne dites que des balivernes ! Vous ne trouverez pas !

Eh bien, maintenant si vous voulez savoir, taisez-vous ! je vais vous la dire, la maladie du patron : c'est un cas de judicardite[2] comme on n'en a jamais vu. C'est ça qui le démange : juger !

ARISTOPHANE, *Les Guêpes*, (Ve av. J.-C.), *Théâtre complet*, I, trad. V.-H. Debidour, éd. Gallimard.

1. Le suffixe « -ite » désigne les maladies qui comportent une inflammation. Ici, jeu de mots sur la *trachéite* (= inflammation de la trachée) et le *tric-trac* (= jeu de dés) : « maladie du tric-trac ».
2. Jeu de mots sur la racine latine de *juger* : *judicare*.

1. Un seul personnage apparaît sur scène. À quels indices repère-t-on qu'il s'agit bien d'un dialogue ? Repérez les interlocuteurs* (collectifs, puis individuels) de Xanthias. Ce dialogue est en partie tronqué : que manque-t-il ?

2. En quoi ce dialogue est-il une rupture des conventions théâtrales ?

3. Écriture. Écrivez un « monologue-dialogue » qui sort des normes*.
Ex. : un commentateur sportif s'adresse aux téléspectateurs ou au cameraman ; un clown prend le public à partie...

Exercice 7

Dialoguer avec le lecteur.

Qui parle ?

« Depuis des mois et des mois, je savais à quoi m'en tenir, je connaissais le fond de l'abîme... »

Qui parle ? Mais qui vous voudrez. J'ai l'habitude de parler à la première personne. Pas vous ? De toute façon, dire *je*, dire *moi*, est le plus simple : le lecteur, ensuite, en dispose.

Laissons là les guillemets : depuis des mois, je connaissais... Une amie à moi me disait ces jours-ci au téléphone : *Ah quelle invention que la solitude...* Oui. Mais encore on peut la tenir pour un progrès sur ce silence qu'on promène avec soi parmi les gens bruyants et bavards. Ou pire : dans leur compagnie, la nécessité des propos comme de feuillages à cacher le fond noir du puits. Il y a diverses façons de se taire. Il y a diverses façons d'être seul.

LOUIS ARAGON, *Le mentir-vrai*, « La valse des adieux » (1980), éd. Gallimard.

1. Dans ce début de nouvelle, s'établit un dialogue entre différents interlocuteurs*.
a) Relevez les différents *je*. Lesquels désignent l'auteur ? le narrateur-personnage* ? à la fois le narrateur et l'auteur ?
b) Qui parle ? Mais qui vous voudrez (l. 4). Qui prononce ces deux phrases ? Qui le pronom *vous* désigne-t-il ?

2. Écriture. Écrivez la suite de ce texte et faites démarrer l'action proprement dite de la nouvelle. Votre narrateur continuera, par des interventions régulières, à faire participer le lecteur au dialogue.

CHAPITRE

16 Construire un récit

LIRE ET OBSERVER

Le Renard et les Poulets d'Inde

Jean de La Fontaine, *Fables*, XII, 18 (1693).

Situation initiale

Contre les assauts d'un Renard
Un arbre à des Dindons servait de citadelle.

Élément déclencheur

Le perfide, ayant fait tout le tour du rempart
Et vu chacun en sentinelle,
S'écria : « Quoi ! ces gens se moqueront de moi !
Eux seuls seront exempts[1] de la commune loi !
Non, par tous les dieux ! non. » Il accomplit son dire[2].

Péripéties

La lune, alors luisant, semblait contre le sire
Vouloir favoriser la dindonnière gent,
Lui, qui n'était[3] novice au métier d'assiégeant,
Eut recours à son sac de ruses scélérates,
Feignit vouloir gravir, se guinda[4] sur ses pattes,
Puis contrefit le mort, puis le ressuscité.
Arlequin n'eût exécuté
Tant de différents personnages.
Il élevait sa queue, il la faisait briller,
Et cent mille autres badinages,
Pendant quoi nul Dindon n'eût osé sommeiller :
L'ennemi les lassait, en leur tenant la vue
Sur même objet toujours tendue.
Les pauvres gens étant à la longue éblouis[5],
Toujours il en tombait quelqu'un : autant de pris,
Autant de mis à part. Près de moitié succombe.
Le compagnon les porte en son garde-manger.

Situation finale

Le trop d'attention qu'on a pour le danger
Fait le plus souvent qu'on y tombe. ■

1. Dispensés.
2. Ce qu'il avait dit.
3. N'était pas.
4. Se dressa.
5. *(Sens figuré et vieilli)* Surpris par un éclat trompeur, trompés.

Repérer

Des personnages et un décor rapidement décrits

Les **protagonistes** du récit sont clairement identifiés dès le titre.
De brefs **éléments descriptifs** sont sur fond gris.

Une narration riche en rebondissements

Les étapes du **schéma narratif** sont signalées en marge du texte.
Les **notations temporelles** sont encadrées en noir.
Les **verbes d'action** sont soulignés en rouge.

Un narrateur présent et malicieux

Des **interventions directes** du narrateur sont signalées sur fond rose.
Des **paroles rapportées** apparaissent sur fond rouge.

Analyser et rédiger

La Fontaine réunit, dans une courte fable, tous les éléments nécessaires à la conduite efficace d'un récit plein d'humour.

- Les **personnages** sont réduits à une caractéristique essentielle. Le « perfide » Renard (v. 3) est décrit comme un professionnel de l'attaque et de la ruse (v. 10-11). La « dindonnière gent » (v. 9) est désignée, dès le vers 1, comme la victime obligée des « assauts » du Renard. Le **décor** est campé rapidement autour de l'arbre « citadelle » éclairé par la « lune ».
- La **narration** dynamique entraîne le lecteur dans une cascade de **péripéties** inattendues. La lune, évoquée dans la description initiale, participe à l'action : d'abord alliée des Dindons qu'elle « favorise » (v. 8-9), elle est ensuite utilisée par le Renard pour les « éblouir » (v. 21).
La **progression rapide** de l'action est assurée par divers procédés : les notations temporelles (« alors », « puis », « pendant quoi », « toujours »), l'accumulation de verbes d'action (« Feignit », « se guinda », « contrefit », « élevait », « faisait briller », « lassait », « tombait », « porte »), la variété des temps des verbes (passé simple, imparfait, présent de narration), le rythme des phrases (« autant de pris, / Autant de mis à part » v. 22-23).
- Le **narrateur** intervient directement pour livrer la morale de la fable, mais aussi pour donner à son récit une coloration **humoristique**. Le champ lexical de la guerre (« citadelle », « rempart », « sentinelle », « assiégeant ») transforme le Renard en héros d'épopée et prête à sourire. Ses paroles (v. 5-7), rapportées au **discours direct**, animent le récit. La **comparaison** avec Arlequin (v. 14-15) donne au lecteur l'illusion d'assister à une pantomime comique, riche en surprises (« contrefit le mort, puis le ressuscité » v. 13 ; « Et cent mille autres badinages » v. 17). L'intérêt du lecteur est donc constamment tenu en alerte.

RETENIR

On peut **écrire un récit*** selon plusieurs perspectives :
- pour proposer une suite au texte d'un auteur,
- pour le compléter ou le transformer,
- pour inventer de toutes pièces son propre texte...

Dans tous les cas, cela suppose de faire appel à son imagination, mais également de respecter les étapes et les contraintes propres à la construction d'un récit.

1. Choisir le narrateur* et le point de vue* du récit.
On peut donner aux événements une tout autre orientation en fonction du regard de celui qui les rapporte. EXERCICES 1 ET 2

2. Créer un personnage.
Il s'agit de lui attribuer certaines caractéristiques physiques, sociales ou psychologiques, en fonction desquelles il va agir. EXERCICES 3 ET 4

3. Établir un schéma narratif* cohérent.
Dans le cas d'une suite de texte, il faut d'abord analyser très précisément le texte de départ pour respecter :
- le narrateur*,
- l'identité des personnages,
- l'époque,
- le cadre,
- le niveau de langue,
- le temps des verbes...

Dans tous les cas, rédiger un récit suppose d'imaginer et d'enchaîner des péripéties susceptibles de faire évoluer, de façon intéressante et cohérente, la situation de départ jusqu'à la situation finale. EXERCICES 5 À 7

4. Utiliser, de façon équilibrée, toutes les composantes d'un récit :
- la description*,
- la narration*,
- les dialogues,
- les interventions de l'auteur...

Ces composantes ont été étudiées dans les chapitres précédents. EXERCICE 8

S'EXERCER ET RÉDIGER

1 Choisir le narrateur

EXERCICE 1

Raconter selon deux points de vue.

LUCIEN HERVÉ, *Wagon 29, Paris* (1949).

1. Observez bien cette photographie et déterminez les circonstances de la scène.
a) Quelles relations (familiale ou autre) unissent ces quatre personnages ?
b) Quelle est la destination du train ?
c) Pourquoi les deux voyageuses partent-elles toutes seules ? Quels sentiments éprouvent-elles ?
d) Pourquoi l'enfant aurait-il aimé partir ?

2. Écriture. Après avoir choisi toutes les circonstances du récit, écrivez deux paragraphes *(15 lignes chacun)* pour raconter la scène du point de vue* des voyageuses, puis du point de vue de l'enfant à quai.

EXERCICE 2

Respecter les faits et changer de narrateur.

Phénomènes étranges

30 juillet — Je suis revenu dans ma maison depuis hier. Tout va bien.

2 août — Rien de nouveau ; il fait un temps superbe. Je passe mes journées à regarder couler la Seine.

4 août — Querelles parmi mes domestiques. Ils prétendent qu'on casse les verres, la nuit, dans les armoires. Le valet de chambre accuse la cuisinière, qui accuse la lingère, qui accuse les deux autres. Quel est le coupable ? Bien fin qui le dirait !

6 août — Cette fois, je ne suis pas fou. J'ai vu... j'ai vu... j'ai vu !... Je ne puis plus douter... j'ai vu !... J'ai encore froid jusque dans les ongles... [...]

Je me promenais à deux heures, en plein soleil, dans mon parterre de rosiers... dans l'allée des rosiers d'automne qui commencent à fleurir.

Comme je m'arrêtais à regarder un *géant des batailles*[1] qui portait trois fleurs magnifiques, je vis, je vis distinctement, tout près de moi, la tige d'une de ces roses se plier, comme si une main invisible l'eût tordue, puis se casser, comme si cette main l'eût cueillie ! Puis la fleur s'éleva, suivant la courbe qu'aurait décrite un bras en la portant vers une bouche, et elle resta suspendue dans l'air transparent, toute seule, immobile, effrayante tache rouge à trois pas de mes yeux.

Éperdu, je me jetai sur elle pour la saisir ! Je ne trouvai rien ; elle avait disparu. Alors je fus pris d'une colère furieuse contre moi-même ; car il n'est pas permis à un homme raisonnable et sérieux d'avoir de pareilles hallucinations.

Mais était-ce bien une hallucination ? Je me retournai pour chercher la tige, et je la retrouvai immédiatement sur l'arbuste, fraîchement brisée, entre les deux autres roses demeurées à la branche.

Alors, je rentrai chez moi l'âme bouleversée ; car je suis certain, maintenant, certain comme de l'alternance des jours et des nuits, qu'il existe près de moi un être invisible.

GUY DE MAUPASSANT, *Le Horla* (1886).

1. Variété de rosier.

1. Identifiez le genre du texte. Qui est le narrateur* ?

2. Établissez la liste des événements étranges qui inquiètent le narrateur.

3. Écriture. Réécrivez ce texte en adoptant le point de vue* du valet de chambre. Mentionnez chaque fait étrange et choisissez une des hypothèses suivantes :
a) *Le valet ne perçoit pas les phénomènes comme son maître, qu'il croit fou.*
b) *Il est gagné par la folie de son maître.*
c) *Il connaît l'explication de ces faits.*

2 Mettre en scène des personnages

EXERCICE 3

Reconstituer le passé d'un personnage.

Un étrange petit vieillard

Je venais là, presque tous les matins. Je m'asseyais sur un banc et je lisais. [...]

Mais je m'aperçus bientôt que je n'étais pas seul à fréquenter ce lieu dès l'ouverture des barrières, et je rencontrais parfois, nez à nez, au coin d'un massif, un étrange petit vieillard.

Il portait des souliers à boucles d'argent, une culotte à pont[1], une redingote tabac d'Espagne, une dentelle en guise de cravate et un invraisemblable chapeau gris à grands bords et à grands poils, qui faisait penser au déluge.

Il était maigre, fort maigre, anguleux, grimaçant et souriant. Ses yeux vifs palpitaient, s'agitaient sous un mouvement continu des paupières ; et il avait toujours à la main une superbe canne à pommeau d'or qui devait être pour lui quelque souvenir magnifique.

[...] Et voilà qu'un matin, comme il se croyait bien seul, il se mit à faire des mouvements singuliers : quelques petits bonds d'abord, puis une révérence ; puis il battit, de sa jambe grêle, un entrechat encore alerte, puis, il commença à pivoter galamment, sautillant, se trémoussant d'une façon drôle, souriant comme devant un public, faisant des grâces, arrondissant les bras, tortillant son pauvre corps de marionnette, adressant dans le vide de légers saluts attendrissants et ridicules. Il dansait.[...]

Mais il s'arrêta soudain, s'avança comme font les acteurs sur la scène, puis s'inclina en reculant avec des sourires gracieux et des baisers de comédienne qu'il jetait de sa main tremblante aux deux rangées d'arbres taillés.

Et il reprit avec gravité sa promenade.

GUY DE MAUPASSANT, « Menuet »,
Contes de la bécasse (1883).

1. Ce vêtement ne se porte plus à l'époque du récit.

1. En quoi peut-on dire que ce *petit vieillard* est énigmatique ?

2. Relevez le champ lexical* du spectacle et du travail du comédien. Quel indice donne-t-il sur le personnage ?

3. Imaginez à quel souvenir la *canne à pommeau d'or* (l. 18) peut être rattachée.

4. Écriture. Le narrateur* se lie un jour d'amitié avec le *petit vieillard* qui lui raconte son histoire. Rédigez ce récit en utilisant tous les indices relevés dans le texte à propos du personnage.

EXERCICE 4

Créer un personnage.

Les fenêtres

Celui qui regarde du dehors à travers une fenêtre ouverte, ne voit jamais autant de choses que celui qui regarde une fenêtre fermée. Il n'est pas d'objet plus profond, plus mystérieux, plus fécond, plus ténébreux, plus éblouissant qu'une fenêtre éclairée d'une chandelle. Ce qu'on peut voir au soleil est toujours moins intéressant que ce qui se passe derrière une vitre. Dans ce trou noir ou lumineux vit la vie, rêve la vie, souffre la vie.

Par-delà des vagues de toits, j'aperçois une femme mûre, ridée déjà, pauvre, toujours penchée sur quelque chose, et qui ne sort jamais. Avec son visage, avec son vêtement, avec son geste, avec presque rien, j'ai refait l'histoire de cette femme, ou plutôt sa légende, et quelquefois je me la raconte à moi-même en pleurant. […]

Peut-être me direz-vous : « Es-tu sûr que cette légende soit la vraie ? » Qu'importe ce que peut être la réalité placée hors de moi, si elle m'a aidé à vivre, à sentir que je suis ce que je suis ?

BAUDELAIRE, *Petits poèmes en prose,* XXXV (1869).

1. Comment le poète passe-t-il son temps ? Cherche-t-il à deviner juste ? Pourquoi ?

2. Écriture. Comme Baudelaire, il vous est arrivé d'observer quelqu'un, jour après jour, derrière une fenêtre. À partir de quelques indices que vous décrirez (gestes, vêtements...), imaginez l'histoire de sa vie.

3 Établir un schéma narratif

EXERCICE 5

Raconter à partir d'une situation initiale.

Le passe-muraille

Il y avait à Montmartre, au troisième étage du 75 *bis* de la rue d'Orchampt, un excellent homme nommé Dutilleul qui possédait le don singulier de passer à travers les murs sans en être incommodé. Il portait un binocle, une petite barbiche noire, et il était employé de troisième classe au ministère de l'Enregistrement. En hiver, il se rendait à son bureau par l'autobus, et, à la belle saison, il faisait le trajet à pied, sous son chapeau melon.

Dutilleul venait d'entrer dans sa quarante-troisième année lorsqu'il eut la révélation de son pouvoir. Un soir, [.............]

MARCEL AYMÉ, *Le Passe-Muraille,* (1943), éd. Gallimard.

1. Repérez dans cette situation initiale, les informations dont vous devez tenir compte pour écrire une suite de texte.
a) Où se déroule la scène ?
b) Quelles sont les caractéristiques physiques, professionnelles du personnage ?
c) Choisissez des adjectifs appropriés pour décrire Dutilleul :
banal, sérieux, fantaisiste, malicieux, conformiste, rangé, routinier, bohème, révolté, taquin.
d) Quel don le rend exceptionnel ?

2. À quel temps sont données ces informations ? Pourquoi ? Repérez un verbe au passé simple et justifiez son emploi.

3. Écriture. Proposez une suite à ce texte. Vous raconterez comment Dutilleul a eu la révélation de son pouvoir, quelles péripéties et quelles transformations psychologiques ont été entraînées.

EXERCICE 6

Raconter à partir d'une situation finale.

Écriture. Composez un récit au passé qui pourrait se terminer par la phrase suivante : *Et c'est depuis ce jour que les objets ont une ombre.* Votre récit *(20 lignes)* comportera quatre étapes nettement différenciées : une situation initiale stable, une perturbation, une ou plusieurs péripéties, et une situation finale.

EXERCICE 7

Imaginer plusieurs possibilités narratives.

La lettre

Jusqu'à douze ans, je ne me vois aucune amourette, sauf pour une petite fille, nommée Carmen, à qui je fis tenir, par un gamin plus jeune que moi, une lettre dans laquelle je lui exprimais mon amour. Je m'autorisais de cet amour pour solliciter un rendez-vous. Ma lettre lui avait été remise le matin avant qu'elle se rendît en classe. J'avais distingué la seule fillette qui me ressemblât, parce qu'elle était propre, et allait à l'école accompagnée d'une petite sœur, comme moi de mon petit frère. […] J'eus la tristesse de voir que je ne m'étais pas mépris sur le bon genre de Carmen, lorsque, après avoir déjeuné avec mes parents qui me gâtaient et ne me grondaient jamais, je rentrai en classe.

À peine mes camarades à leurs pupitres — moi en haut de la classe, accroupi pour prendre dans un placard, en ma qualité de premier, les volumes de la lecture à haute voix —, le directeur entra. Les élèves se levèrent. Il tenait une lettre à la main.

Raymond Radiguet, *Le Diable au corps* (1923), éd. Grasset.

1. Identifiez le narrateur* de ce récit.

2. À quel temps est mené le récit ? Comment expliquez-vous la présence de la forme verbale : *je ne me vois* (l. 1) ?

3. Écriture. Prenez le relais de ce récit en proposant, pour chaque étape, plusieurs suites possibles.

- *1re péripétie : Réaction du directeur :*
  Il fait une leçon de morale.
  Il punit l'enfant.
  Il félicite l'auteur de la lettre qui n'a commis aucune faute d'orthographe.
  Il fait faire la lettre en dictée aux élèves...
- *2e péripétie : Réactions de l'enfant...*
- *3e péripétie : Réactions des élèves...*
- *4e péripétie : Réactions de Carmen...*
- *Situation finale.*

Choisissez ensuite un parcours narratif cohérent et rédigez le récit.

4 Utiliser les différentes composantes du récit

Exercice 8

Inventer des péripéties et des dialogues.

Vacances sur un banc

Il y avait, dans un coin de la place, sous la voûte de feuillage des marronniers d'Inde, un banc écarté et à demi caché : Marcovaldo se l'était moralement réservé. Et durant les nuits d'été, quand — dans la chambre où ils dormaient à cinq — il ne parvenait pas à trouver le sommeil, il rêvait au banc comme un sans-logis peut rêver au lit d'apparat d'un palais royal. Une nuit, tandis que sa femme ronflait et que les enfants gigotaient en dormant, Marcovaldo se leva en douce, s'habilla, prit son oreiller sous le bras, sortit et gagna la place.

Là étaient la fraîcheur et la paix. D'avance, en s'en réjouissant, il imaginait le contact de ces planches d'un bois — il en était sûr — moelleux, accueillant, et à tout point de vue préférable au matelas avachi de son lit.

[...] La fraîcheur et la paix étaient bien au rendez-vous, mais non le banc qui n'était pas libre. Deux amoureux y étaient assis, qui se regardaient dans les yeux. Discret, Marcovaldo s'éloigna. « Il est tard, se dit-il, y passeront pas la nuit à la belle étoile ! Y finiront bien de roucouler ! »

Mais le couple ne roucoulait pas : il se disputait. Et, lorsqu'il s'agit de deux amoureux, on ne peut jamais dire quand la discussion finira. Le garçon disait [..........................
....]

Les ouvriers fonçaient vers les usines sur leurs vélomoteurs ; les rideaux de fer des boutiques remontaient à toute vitesse ; les fenêtres des maisons ouvraient leurs persiennes. La bouche pâteuse, les yeux ensommeillés, l'air hagard, le dos douloureux, la hanche à demi démise, Marcovaldo courait à son travail.

Italo Calvino, *Marcovaldo* (1958-1966) éd. Julliard.

1. Délimitez les phrases qui évoquent la situation initiale. À quoi aspire Marcovaldo ?

2. Identifiez l'élément déclencheur et la première péripétie. Quelle notation temporelle signale le changement ?

3. Relevez tous les détails dans la situation finale qui prouvent que Marcovaldo a passé une nuit épouvantable.

4. Écriture. Complétez le texte de Calvino. Vous rédigerez le dialogue des amoureux, puis imaginerez des péripéties qui expliquent pourquoi Marcovaldo n'a pu trouver le sommeil. Vous évoquerez tout au long du devoir les réactions et sentiments du personnage.

CHAPITRE

17 Argumenter : s'opposer et convaincre

LIRE ET OBSERVER

Mentir aux enfants

MARCEL PAGNOL, *La Gloire de mon père*, (1957) éd. B. Fallois.

Alors, l'oncle Jules se montra grand et généreux.

– Je me mêle peut-être de ce qui ne me regarde pas, dit-il. Mais à mon avis, Marcel a mérité de faire l'ouverture avec nous. Allons, ne pleure plus. Il portera notre déjeuner, comme il l'a proposé, et il nous suivra bien gentiment, à dix pas derrière les fusils.

Il se tourna vers mon père.

– C'est d'accord, Joseph ?

– Si vous êtes d'accord, moi aussi.

La reconnaissance, qui me faisait verser de nouvelles larmes, m'étouffa. [...] Après deux gros baisers bien appliqués, je descendis d'un bond : je baisai la main de mon père et levant les bras au ciel, j'exécutai une danse sauvage terminée par un bond qui me porta sur la table, d'où j'envoyai mille baisers aux assistants.

– Seulement, dis-je ensuite, il ne faudra pas en parler à Paul, parce qu'il est trop petit. Il ne pourrait pas marcher si loin.

– Hé hé, dit mon père, tu vas donc mentir à ton frère ?

– Je ne mentirai pas, mais je ne lui dirai rien.

– Mais s'il t'en parle ? dit ma mère.

– Je lui mentirai, parce que c'est pour son bien.

– Il a raison ! dit mon oncle.

Puis, me regardant bien dans les yeux, il ajouta :

– Tu viens de dire une parole importante, tâche de ne pas l'oublier : *il est permis de mentir aux enfants, lorsque c'est pour leur bien.* ■

SUJET DE RÉFLEXION

Questions

Consigne

Y a-t-il des situations où le mensonge est préférable à la vérité ? Lesquelles ? Dites ce que vous pensez du mensonge et essayez de déterminer à l'aide d'arguments et d'exemples précis, s'il est toujours condamnable.

Analyser

● Le devoir d'argumentation propose une **situation**, évoquée par un **texte**, face à laquelle on vous demande de prendre parti. Dans le texte de Pagnol, l'oncle Jules affirme qu'« il est permis de mentir aux enfants, lorsque c'est pour leur bien » (l. 23).

● Le **sujet** proprement dit est constitué d'une série de **questions** qui vous invitent à donner votre opinion sur le **thème** du « mensonge ».
On remarque que les questions élargissent le thème développé par le texte dans la mesure où il ne s'agit plus seulement du mensonge vis-à-vis des enfants. L'adverbe « toujours » dans la dernière phrase de la consigne doit attirer votre attention : il suggère en effet d'analyser successivement les cas où la vérité est, conformément à la morale, préférable au mensonge, puis ceux où ce dernier semble être une solution plus judicieuse. On appelle **thèses** ces idées directrices que le devoir doit s'attacher à démontrer.

● La **consigne** précise qu'il s'agit de trouver des **arguments**, c'est-à-dire des preuves pour confirmer la thèse. On peut préférer le mensonge à la vérité lorsque celle-ci est trop brutale ou difficilement supportable.
Elle souligne enfin la nécessité de s'appuyer sur des **exemples** concrets. On peut citer, dans le cadre de ce sujet, le cas de parents dont l'enfant est atteint d'une maladie grave et qui peuvent choisir de lui taire la vérité.

RETENIR

Argumenter c'est réfléchir, convaincre, vouloir avoir raison sur un adversaire qu'on imagine en face de soi. Ce travail se déroule en plusieurs étapes.

1. **Comprendre et formuler** clairement la ou les **thèses*** que vous devez défendre, en regroupant et reformulant les questions posées par le sujet (cf. CHAPITRES 3 et 10). EXERCICES 1 ET 2

2. **Trouver des arguments***, c'est-à-dire des preuves qui vont vous permettre de démontrer la thèse. EXERCICES 3 À 5

3. **Trouver des exemples***. L'exemple se distingue de l'argument par son caractère concret. Il peut prendre la forme d'une anecdote empruntée à votre expérience personnelle, à l'actualité, à vos lectures ou à des films que vous avez vus. EXERCICES 6 ET 7

4. **Organiser l'argumentation.**
- Reliez vos idées les unes aux autres par des **liens logiques.**
- Choisissez un **ordre** pertinent pour les thèses et pour les arguments.
  ➤ Réservez, pour votre deuxième partie, la thèse à laquelle vous adhérez. Conservez l'argument le plus important pour la fin.
- Nuancez **l'expression** de votre jugement grâce à une bonne maîtrise du vocabulaire de la pensée et de l'opinion. EXERCICES 8 À 11

S'EXERCER ET RÉDIGER

1 Formuler des thèses

Exercice 1
Comprendre le sujet.

Sujet de réflexion

À votre avis, quels pouvoirs la musique peut-elle exercer ?

1. Parmi les questions suivantes, relevez celles qui ont la même orientation que le sujet.
a) *Quelles sont les musiques qu'écoutent les jeunes ?*
b) *Quels sont les charmes de la musique ?*
c) *Pourquoi les adolescents n'apprécient-ils pas la musique classique ?*
d) *Une bonne ambiance musicale peut-elle nous inciter à consommer ?*
e) *La musique doit-elle seulement calmer les mœurs ?*

2. Distinguez, parmi les questions suivantes, les interrogations totales (celles dont la réponse sera *oui / non*) et les interrogations partielles.
Quelles sont les seules capables de faire progresser la compréhension du sujet ?
a) *Est-ce que la musique a un pouvoir ?*
b) *Est-ce que les jeunes écoutent beaucoup de musique ?*
c) *Dans quelle mesure la musique est-elle une forme de communication entre les individus ?*
d) *En quoi peut-elle être un moyen d'exprimer ses sentiments, ses idées ?*

Exercice 2
Choisir les thèses.

Sujet de réflexion

Comment expliquez-vous la tendance qu'ont les adolescents à se démarquer de leurs aînés ?

1. Quel sens donnez-vous à l'expression *se démarquer de leurs aînés ?*
Trouvez trois exemples* concrets qui illustrent cette attitude.

2. La consigne vous suggère-t-elle :
a) d'*analyser* les conséquences du comportement des adolescents vis-à-vis de leurs aînés ?
b) d'*expliquer* comment ils devraient se comporter ?
c) de *raconter* votre propre expérience ?
d) d'*analyser* les causes de cette attitude ?

3. Parmi les cinq propositions suivantes, choisissez les deux phrases interrogatives qui formuleraient des thèses* intéressantes à soutenir en fonction du sujet.
a) *À quel moment ai-je commencé à me démarquer de mes parents ?*
b) *Comment se manifeste l'opposition entre les adolescents et leurs aînés ?*
c) *Cette opposition a-t-elle des répercussions sur le travail scolaire ?*
d) *Que cherchent les jeunes à travers cette opposition ?*
e) *Quels avantages peut-il y avoir pour un adolescent à se conformer à ce que disent les aînés ?*

2 Trouver des arguments

Exercice 3
Distinguer l'argument du fait.

Sujet de réflexion

L'opposition aux parents est-elle, selon vous, une étape nécessaire dans le développement de l'enfant ?

1. Parmi les propositions suivantes, distinguez celles qui ont valeur d'argument* et celles qui énoncent de simples faits.
a) *L'opposition favorise le goût de l'indépendance et le sens de l'autonomie.*

b) *Elle a toujours existé.*
c) *Elle développe la maturité intellectuelle et affective.*
d) *Elle est tout à fait courante chez les adolescents.*
e) *Elle favorise le sens des responsabilités et l'esprit de décision.*
f) *Elle permet aux adolescents d'affirmer leur propre personnalité.*

2. Écriture. Prolongez un de ces arguments par une explication.

Ex. : En se démarquant de leurs parents, les jeunes peuvent affirmer leur propre personnalité. En effet, devenir soi-même ce n'est pas seulement être capable de reproduire parfaitement ce que les adultes ont enseigné, mais connaître ses propres désirs et aspirations.

EXERCICE 4

Trouver des arguments pour réfuter une opinion.

La rage de lire

La lecture emplissait tous les interstices de ma vie. À peine éveillé, je tâtonnais de la main vers le livre comme un fumeur vers ses clopes. Je me traînais à table, mon bouquin sous le bras, l'installais devant moi, un peu à gauche, calé par un bout de pain ou par n'importe quoi à l'inclinaison exacte pour le confort de l'œil. Naturellement, maman râlait. C'est tout ce qu'il y a de plus malsain, tous les docteurs te le diront. Tu t'esquintes la vue. Tu vas devenir bossu. Ce que tu manges te profite pas. Toutes ces bêtises te monteront à la tête, tu vas me faire une congexion célébrale[1], qu'il y a rien de plus mauvais, ou une méningite, c'est encore pire, et tu sais : ou on en meurt, ou on reste fou. Et quelle charmante compagnie ! C'est poli pour les autres, vraiment… Eh, oui, mais rien à faire. Avant de passer à table, je me cherchais de la lecture. Le bouquin en cours, un livre de classe, n'importe quoi.

1. *(Terme impropre)* Congestion cérébrale.

FRANÇOIS CAVANNA, *Les Ritals* (1978), éd. Albin Michel.

1. Repérez dans le texte les arguments* formulés par la mère contre la lecture.

2. Établissez la liste des arguments que l'enfant pourrait opposer à sa mère pour défendre sa passion des livres.

3. Écriture. Rédigez le dialogue *(20 lignes)* qui oppose la mère et son fils sur l'intérêt de la lecture.

EXERCICE 5

Argumenter.

SUJET DE RÉFLEXION

Qu'attendez-vous d'un voyage à l'étranger ?

Écriture. Trouvez quatre arguments* pour défendre l'intérêt d'un tel voyage. Puis intégrez-les dans un bref paragraphe *(20 lignes)* dont vous choisirez la forme :
a) un dialogue avec vos parents ;
b) une lettre au maire de votre commune.

3 Trouver des exemples

EXERCICE 6

S'appuyer sur son expérience personnelle.

L'éducation est-elle sexiste ?

Les parents ont gravé dans l'esprit un modèle très précis auquel les enfants doivent s'adapter suivant leur sexe. […] Donnons une série d'exemples pour illustrer ces demandes différenciées : cela nous ennuie que les petites filles apprennent à siffler, mais cela nous semble naturel chez un garçon. On intervient si une petite fille rit de façon vulgaire, mais cela nous convient parfaitement dans le cas d'un garçon. […] Nous tournons en ridicule un garçonnet qui a peur, cela nous semble très normal chez une petite fille. Si elle pleurniche, on lui dit qu'elle est ennuyeuse, mais on lui prête attention, si c'est un petit garçon, on le traite de fillette. Nous incitons un petit garçon à jouer à la guerre, à grimper aux arbres, à s'endurcir physiquement, mais nous nous opposons à ce que la petite fille fasse la même chose. Si elle donne des coups de pied dans un ballon, nous lui apprenons qu'il vaut mieux le lancer à la main, alors que nous apprenons au garçon à shooter…

Cette liste pourrait se prolonger indéfiniment. L'adulte effectue une véritable sélection automatique des interventions en fonction du sexe.

Elena Gianini Belotti, *Du côté des petites filles* (1973), éd. Des Femmes pour l'édition française (Nouvelle édition de poche en 1995).

1. Quelle est la thèse* démontrée par l'auteur ?

2. L'auteur oppose deux types d'éducation à travers une série d'exemples* pris dans la vie quotidienne. Relevez toutes les marques de l'opposition.

3. Écriture. Pensez-vous que la thèse de Gianini Belotti soit toujours valable de nos jours ? Défendez votre propre point de vue en vous référant à des exemples concrets que vous raconterez.

Exercice 7

Développer un exemple littéraire.

Sujet de réflexion

Faire ce qui vous plaît au lieu de ce qu'on vous conseille, est-ce nécessairement faire des bêtises ou des erreurs ?

1. Associez, dans les deux listes suivantes, le titre du roman et le nom de son auteur. Dans quels livres pensez-vous trouver des exemples* pour illustrer votre sujet ?

❑ *Le Grand Meaulnes*	❑ J. Verne
❑ *Tom Sawyer*	❑ H. Bazin
❑ *Vipère au poing*	❑ J. Cocteau
❑ *Les Enfants terribles*	❑ M. Pagnol
❑ *Le Château de ma mère*	❑ Alain-Fournier
❑ *Voyage au centre de la terre*	❑ M. Twain

2. Le sujet sous-entend de montrer en quoi *faire ce qui vous plaît* peut aussi être une expérience enrichissante. Développez un exemple emprunté à vos lectures pour confirmer cette opinion.

4 Organiser une argumentation

Exercice 8

Restituer les liens logiques.

Sujet de réflexion

Voyager à l'étranger est-il toujours une expérience bénéfique pour un enfant ?

Reliez chaque proposition à celle qui suit par un de ces connecteurs logiques* : *ainsi, de plus, en effet, cependant.*

a) *On dit que les voyages forment la jeunesse.*
b) …, *le voyage est toujours une invitation à la curiosité, à l'ouverture d'esprit.*
c) …, *se confronter à d'autres cultures permet à l'enfant d'exercer son jugement et de ne pas s'enfermer dans des préjugés.*
d) …, *une trop grande mobilité peut nuire à l'équilibre psychologique.*
e) …, *l'enfant dont les parents changent souvent de résidence ou de pays pour des raisons professionnelles, a parfois le sentiment de ne plus avoir aucune racine.*

Exercice 9

Ordonner des arguments et des exemples.

Sujet de réflexion

Êtes-vous pour ou contre la chasse ?

1. Associez les propositions suivantes deux à deux, afin de retrouver les cinq arguments* et les cinq exemples* qui les illustrent.

a) *La chasse développe des qualités intellectuelles et morales.*
b) *La chasse est un massacre organisé.*
c) *Elle entretient le goût du sang.*
d) *Les animaux nuisibles doivent être détruits.*
e) *Esprit d'observation, prudence et respect de la nature sont favorisés par cette activité.*
f) *C'est un moyen naturel de réguler la faune.*

g) *Le gibier est souvent lâché la veille.*
h) *C'est une forme de guerre du dimanche.*
i) *Elle est un facteur de déséquilibre du monde naturel.*
j) *Certaines espèces sont en voie de disparition.*

2. Classez ensuite ces couples d'argument et d'exemple en deux séries, afin de construire le plan de votre devoir.
I – Arguments des défenseurs de la chasse.
II – Arguments des détracteurs de la chasse.

EXERCICE 10

Trouver un plan.

SUJET DE RÉFLEXION

Quelle est, selon vous, l'école idéale ?

1. Nous vous proposons, pour répondre au sujet ci-dessus, une série d'idées totalement dans le désordre. À vous de les grouper et de les mettre en ordre pour construire un plan.
Les titres des grandes parties (I, II, III) sont soulignés ; les autres titres sont ceux des sous-parties (A, B, C…).
– *Des matières nouvelles.*
– *<u>Relations entre les différents membres de l'école, la discipline.</u>*
– *Les salles de classe, l'équipement informatique.*
– *Les bâtiments, l'établissement.*
– *L'administration et ses membres.*
– *Les effectifs des classes.*
– *<u>Le contenu de l'enseignement.</u>*
– *La surveillance.*
– *Les horaires de classe.*
– *<u>Le cadre concret, les locaux.</u>*
– *Les relations professeurs / élèves.*
– *Des méthodes nouvelles.*
– *Cantine, gymnase, bibliothèque.*
– *Quel but pour mon école ?*

2. Écriture. Choisissez une des grandes parties du devoir et rédigez-la *(20 lignes)*. Avant d'écrire, cherchez le sens des adjectifs de la liste suivante et dites dans quel paragraphe du devoir chacun pourrait s'intégrer :
disponible, réceptif, psychologue, distant, intransigeant, exigeant.

EXERCICE 11

Maîtriser le vocabulaire de l'argumentation.

La cause de l'éclair

« Ne nous disputons pas », dit la Reine Blanche d'une voix anxieuse. « Quelle est la cause de l'éclair ?

– La cause de l'éclair », commença Alice d'un ton décidé, car elle se sentait très sûre d'elle, « c'est le tonnerre… Non, non ! » ajouta-t-elle vivement pour se corriger, « je voulais dire le contraire.

– Trop tard, déclara la Reine Rouge ; une fois que tu as dit quelque chose, c'est définitif, et il faut que tu en subisses les conséquences. »

LEWIS CARROLL, *Alice au pays des merveilles* (1872), © éd. J.-J. Pauvert (1961, pour la traduction française).

1. Remplacez les pointillés par les mots *cause* ou *conséquence* dans les phrases suivantes :
a) *L'éclair est la ……… du tonnerrre.*
b) *Le tonnerre est la ……… de l'éclair.*

2. Classez les verbes suivants en deux groupes, selon qu'ils introduisent une cause ou une conséquence :
aboutir à, conduire à, s'expliquer par, occasionner, créer, déclencher, être issu de, amener, déboucher sur, engendrer, être à l'origine de, provoquer, entraîner.
Prenez comme exemples les phrases de la question précédente avec *éclair* et *tonnerre.*

3. *Ne nous disputons pas* (l. 1). Trouvez quatre formulations pour vous opposer à un interlocuteur en le ménageant.
Ex. : Sans doute, mais d'un autre côté…
Je suis en partie d'accord ; toutefois…
Je comprends, mais ne penses-tu pas que…

4. Écriture. *Il faut que tu en subisses les conséquences* (l. 11). Rédigez la suite du dialogue *(15 lignes)* où Alice tentera de convaincre la Reine Rouge : *une erreur peut aussi avoir des conséquences positives.* Préparez des arguments* (vous pouvez vous appuyer sur des proverbes) et des exemples* que vous emprunterez à votre expérience personnelle, à vos lectures.

CHAPITRE

18 Jouer avec les textes

LIRE ET OBSERVER

Ariette[1] III

Il pleure dans mon cœur
Comme il pleut sur la ville
Quelle est cette langueur[2]
Qui pénètre mon cœur ?

Ô bruit doux de la pluie
Par terre et sur les toits !
Pour un cœur qui s'ennuie,
Ô le chant de la pluie !

Il pleure sans raison
Dans ce cœur qui s'écœure[3].
Quoi ! nulle trahison ?...
Ce deuil est sans raison.

C'est bien la pire peine
De ne savoir pourquoi
Sans amour et sans haine
Mon cœur a tant de peine ! ■

VERLAINE, *Romances sans paroles* (1874).

1. Air de musique léger.
2. Mélancolie.
3. Se décourage.

Réclame pour la maison *Walk over*

Air connu.

Il flotte dans mes bottes
Comme il pleut sur la ville
Au diable cette flotte
Qui pénètre mes bottes !

Ô vain tout parapluie
Fût-il grand comme un toit,
Pour de mauvais ribouis[1],
Ô le vain parapluie

Je n'eus pas la raison
D'aller à « *Walk over* »
Là, point de trahison !...
Je n'eus point de raison !...

C'est bien la pire empeigne[2]
Qu'on vend hors de chez toi
« *Walk over* », noble enseigne,
Mes pieds ont tant de peine ! ■

APOLLINAIRE (1880-1918), in *Poèmes retrouvés* (1955), *Œuvres poétiques*, Bibliothèque de la Pléiade, éd. Gallimard.

1. *(Populaire)* Souliers.
2. Partie supérieure de la chaussure.

Repérer

Lorsqu'Apollinaire écrit son poème, il souligne par le sous-titre qu'il s'agit d'un « air connu », repris à son prédécesseur Verlaine.

Des points communs entre les deux textes

Les deux textes ont plusieurs points communs :
– le **thème** (l'histoire d'une déception),
– la **structure** (quatre quatrains d'hexasyllabes),
– des **vers** repris intégralement ou des **phrases** calquées (sur fond rose).

Une différence dans la tonalité

Le texte d'Apollinaire introduit une tonalité **comique** inexistante dans le premier texte : les termes appartenant au registre familier sont soulignés en noir.

Analyser et rédiger

● Le texte d'Apollinaire est une **parodie**. Le poète a écrit, pour s'amuser, un poème « à la manière » de Verlaine.
● Il reproduit les **caractéristiques du style** de l'auteur qu'il imite, mais en introduisant un ton de **dérision**. Ainsi, la mélancolie douloureuse à laquelle est en proie l'âme de Verlaine, est transformée en plainte triviale d'un homme aux pieds mouillés. Et la chanson douce de l'« Ariette » devient publicité pour un fabricant de chaussures anglaises ! Les substantifs « raison » (v. 9, 12), « trahison » (v. 11) et « peine » (v. 16), placés dans un nouveau contexte et côtoyant des mots de registre familier (« flotte » v. 1, 3 ; « ribouis » v. 7), contribuent à créer un décalage comique.

RETENIR

Écrire peut aussi être un jeu qui consiste à **jouer avec les textes** d'autres écrivains, pour les imiter ou les transformer. Voici deux exemples de ces pratiques d'écriture.

1. La parodie* consiste à transformer de façon amusante un texte qu'un auteur a écrit avec une autre intention.
➤ Don Quichotte *est une parodie des romans de chevalerie.* EXERCICES 1 À 5

2. L'énigme consiste à évoquer un objet, ou une personne, sans le nommer pour laisser le lecteur deviner ce dont on parle.
Le recours aux images* (métaphore*, comparaison*…) fait parfois de l'énigme un jeu poétique. EXERCICES 6 ET 7

S'EXERCER ET RÉDIGER

1 Parodier un texte

Exercice 1

Rédiger une comptine.

Le message

La porte que quelqu'un a ouverte
La porte que quelqu'un a refermée
La chaise où quelqu'un s'est assis
Le chat que quelqu'un a caressé
Le fruit que quelqu'un a mordu
La lettre que quelqu'un a lue
La chaise que quelqu'un a renversée
La porte que quelqu'un a ouverte
La route où quelqu'un court encore
Le bois que quelqu'un traverse
La rivière où quelqu'un se jette
L'hôpital où quelqu'un est mort.

Jacques Prévert, *Paroles* (1946), éd. Gallimard.

1. Décrivez, avec le plus de précision possible, la technique d'écriture de ce poème.
a) Analysez la structure grammaticale de chaque vers.
b) Qu'est-ce qui fait l'unité du poème ?

2. Écriture. Résumez, sur le mode humoristique, une histoire que vous connaissez bien, en imitant la structure de ce poème.
Ex. : La Belle et la Bête…

Exercice 2

Inventer une recette.

Pour un art poétique (suite)

Prenez un mot prenez-en deux
faites-les cuir' comme des œufs
prenez un petit bout de sens
puis un grand morceau d'innocence
faites chauffer à petit feu
au petit feu de la technique
versez la sauce énigmatique
saupoudrez de quelques étoiles
poivrez et puis mettez les voiles.
Où voulez-vous donc en venir ?
À écrire.
Vraiment ? à écrire ??

Raymond Queneau,
Le Chien à la mandoline (1965),
éd. Gallimard.

1. Qu'est-ce qui apparente ce texte à une recette de cuisine ?
a) Étudiez les champs lexicaux*.
b) Quel est le mode des verbes ?

2. Quels sont, pour Queneau, les ingrédients nécessaires à l'activité de l'écrivain ?

3. Écriture. Composez à votre tour un poème en forme de recette, pour expliquer comment avoir toujours des amis.

Exercice 3

Écrire un article de dictionnaire.

Le jeu du dictionnaire

Voici la règle d'un jeu inventé par ces imitateurs souvent irrévérencieux que furent les Surréalistes*.
À vous de la mettre en pratique.

a) Le meneur de jeu choisit un mot dans le dictionnaire dont aucun des joueurs ne connaît le sens.
Ex. : un zakouski, une yole, un zygoma, le zorrino.

b) Chaque joueur doit alors proposer une définition qui soit un pastiche* d'un vrai article de dictionnaire ; mais il est libre de donner au mot le sens que sa propre imagination lui suggère.

c) Le meneur de jeu relève les définitions des joueurs et mélange, à ces fausses définitions, celle qu'il a lui-même recopiée dans le dictionnaire.

d) La dernière étape du jeu consiste alors pour les joueurs à distinguer la vraie définition de ses pastiches.

Exercice 4

Varier les styles.

Exercices de style

Queneau a raconté dans ses Exercices de style *une même anecdote de cent façons différentes. En appliquant sa méthode, voici ce qu'ont écrit des élèves de votre âge.*

Texte 1.

Mère cane. Stop. Six œufs. Un tout gris et gros. Stop. Moqueries. Mépris. Stop. Tristesse et fugue. Stop. Errance. Stop. Rencontre cygnes. Stop. Admiration et détresse. Stop. Métamorphose et envol.

Texte 2.

Il n'était pas six heures mais huit heures. Ce n'était ni un père canard ni une sœur cane, mais une mère cane qui pondit six œufs. L'un d'entre eux n'était pas comme les autres et il n'eut guère la chance d'être accepté : on ne lui montra aucune tendresse. Alors ne pouvant plus supporter cet isolement, il ne pouvait que prendre la décision de s'enfuir.

Il ne regretta rien. Il ne connaissait rien du grand et horrible monde. Il ne s'imaginait pas encore comme il était cruel car il n'était jamais sorti de sa ferme.

Au printemps, il ne vit pas les arbres ni les fleurs ni le ciel bleu au-dessus de lui. Il était indifférent et insensible à ce beau spectacle. Il ne remarqua qu'un vol de cygnes blancs dans le ciel et il n'en fut que plus triste encore car il n'avait personne à qui parler et aucun ami pour confier son chagrin.

Ce n'est que le jour où il vit son reflet sur l'eau d'un lac qu'il comprit qu'il n'était plus un vilain petit canard. Mais personne n'était là pour partager son bonheur.

Texte 3.

Au-dessous d'une cane, six œufs ont éclos.
Néanmoins, l'un des canetons était différent.
De ce fait, les autres se moquèrent de lui.
Endeuillé, il décida de s'enfuir.
Recueilli par une vieille dame, il s'installa ;
Sous son toit, il attendit le printemps.
Ebloui à la vue des grands cygnes blancs
Notre caneton se vit aussi majestueux qu'eux.

1. Quel conte les élèves ont-ils parodié ?

2. Associez chaque texte à son titre : *négatif, télégraphique, acrostiche**. Justifiez votre choix.

3. Écriture. Choisissez à votre tour un conte que vous connaissez bien. Résumez-le en six à huit propositions, puis racontez-le en utilisant l'une des formes repérées.

Exercice 5

Varier les tons.

C'est un roc ! c'est un pic !

Cyrano répond à un vicomte qui s'est moqué de lui par cette pauvre phrase : « Vous avez un nez… très grand. »

Cyrano. – Ah ! non ! c'est un peu court, jeune
[homme !
On pouvait dire… Oh ! Dieu !… bien des
[choses en somme…
En variant le ton, – par exemple, tenez :
Agressif : « Moi, monsieur, si j'avais un tel nez,
Il faudrait sur-le-champ que je me l'amputasse ! »
Amical : « Mais il doit tremper dans votre tasse !
Pour boire, faites-vous fabriquer un hanap[1] ! »
Descriptif : « C'est un roc ! c'est un pic ! c'est
[un cap !
Que dis-je, c'est un cap ?… C'est une
[péninsule ! »
Curieux : « De quoi sert cette oblongue
[capsule ?
D'écritoire, monsieur, ou de boîte à ciseaux ? »
Gracieux : « Aimez-vous à ce point les oiseaux
Que paternellement vous vous préoccupâtes
De tendre ce perchoir à leurs petites pattes ? »
Truculent : « Çà, monsieur, lorsque vous
[pétunez[2],
La vapeur du tabac vont sort-elle du nez
Sans qu'un voisin ne crie au feu de cheminée ? »
Prévenant : « Gardez-vous, votre tête entraînée
Par ce poids, de tomber en avant sur le sol ! »
Tendre : « Faites-lui faire un petit parasol
De peur que sa couleur au soleil ne se fane ! »
Pédant : « L'animal seul, monsieur,
[qu'Aristophane
Appelle Hippocampelephantocamélos
Dut avoir sous le front tant de chair sur tant
[d'os ! »
Cavalier : « Quoi, l'ami, ce croc[3] est à la mode ?

Pour pendre son chapeau, c'est vraiment très [commode ! » [...]
– Voilà ce qu'à peu près, mon cher, vous [m'auriez dit
Si vous aviez un peu de lettres et d'esprit.

EDMOND ROSTAND, *Cyrano de Bergerac*, I, 4 (1897).

1. Grand récipient fermé d'un couvercle.
2. Fumer, priser du tabac.
3. Crochet.

1. D'où vient l'originalité de cette tirade ?

2. Associez chaque adjectif de la liste *a)* à son synonyme* dans la liste *b).* Aidez-vous des exemples de *tons* développés par Cyrano.
a) *truculent, prévenant, pédant, cavalier.*
b) *pompeux, obligeant, brusque, excessif.*

3. Trouvez des indices de parodie* des tons *gracieux* et *pédant*.

4. Écriture. Répondez, à la manière de Cyrano, à quelqu'un qui se serait moqué de vos grandes oreilles ou de vos grands pieds.

2 Jouer aux devinettes

EXERCICE 6

Jouer au portrait.

Le portrait araucan

Vendredi, indigène de la tribu Araucan, propose à Robinson cette énigme.

« C'est une mère qui te berce, c'est un cuisinier qui sale ta soupe, c'est une armée de soldats qui te retient prisonnier, c'est une grosse bête qui se fâche, hurle et trépigne quand il fait du vent, c'est une peau de serpent aux mille écailles, qui miroitent au soleil. Qu'est-ce que c'est ?
– C'est l'Océan, triompha Robinson. »

MICHEL TOURNIER, *Vendredi ou la vie sauvage* (1987), éd. Gallimard.

1. Écriture. Écrivez la règle du jeu du portrait araucan.

2. Écriture. Composez à votre tour un portrait en cinq touches pour faire deviner le mot de votre choix.
Ex. : la Terre, la solitude, une mère...

EXERCICE 7

Créer des images pour faire deviner un mot.

À deviner

– Est-ce que c'est une chose ?
– Oui et non.
– Est-ce que c'est un être vivant ?
– Pour ainsi dire.
– Est-ce que c'est un être humain ?
– Cela en procède.
– Est-ce que cela se voit ?
– Tantôt oui, tantôt non.
– Est-ce que cela s'entend ?
– Tantôt oui, tantôt non.
– Est-ce que cela a un poids ?
– Ça peut être très lourd ou infiniment léger.
– Est-ce que c'est un récipient, un contenant ?
– C'est à la fois un contenant et un contenu.
– Est-ce que cela a une signification ?
– La plupart du temps oui, mais cela peut aussi n'avoir aucun sens.
– C'est donc une chose bien étrange ?
– Oui, c'est la nuit en plein jour, le regard de l'aveugle, la musique des sourds, la folie du sage, l'intelligence des fous, le danger du repos, l'immobilité et le vertige, l'espace incompréhensible et le temps insoutenable, l'énigme qui se dévore elle-même, l'oiseau qui renaît de ses cendres [...].
– Est-ce que cela porte un nom ?
– Oui, le langage.

JEAN TARDIEU, *Margeries* (1986), éd. Gallimard.

1. Montrez comment le poète joue sur le sens propre et le sens figuré des mots.

2. Expliquez les métaphores* *la nuit en plein jour, le regard de l'aveugle, la musique des sourds* (l. 20-21).

3. Écriture. Rédigez un texte, à la manière de Tardieu, pour faire deviner le mot de votre choix, en posant des questions, puis en créant des métaphores.

Lexique des notions

Le lexique définit les termes signalés dans l'ouvrage par un astérisque. Il rassemble ainsi les principales notions à connaître en classe de 4e pour analyser un texte ou une image.

A

Acrostiche : poème dont les initiales de chaque vers, lues verticalement, composent un mot.

Adjuvant : personnage qui vient en aide au héros*.

Allégorie : figure de style qui représente, de façon imagée, une idée qu'elle rend concrète. *Ex. : la mort représentée sous les traits d'une faucheuse.*

Allitération : répétition de consonnes dans une suite de mots rapprochés, qui vise à produire un effet de sens.

Amplification : figure de style qui donne plus d'ampleur ou de force aux émotions, aux idées.

Antonyme : mot de sens opposé. *Ex. :* bonheur *est un antonyme de* malheur.

Aparté : au théâtre, réplique que le personnage dit à part et que seul le public ou un des personnages est censé entendre.

Appréciatif (terme) **:** terme exprimant un jugement négatif (péjoratif*) ou positif (mélioratif*).

Argument : preuve qui sert à démontrer une idée dans un raisonnement.

Argumentation : forme de discours* dans laquelle celui qui parle tente de convaincre, de persuader celui à qui il s'adresse, à l'aide d'arguments*. L'argumentation porte souvent les marques d'un jugement subjectif*.

Assonance : répétition de voyelles dans une suite de mots rapprochés, qui vise à produire un effet de sens.

Autobiographie : récit* où l'auteur raconte sa propre vie (*auto-* = « soi-même »).

B

Biographie : récit* où l'auteur raconte la vie d'une personne souvent célèbre.

Burlesque : comique visant souvent à la parodie* de l'héroïsme.

C

Caricature : description* comique ou satirique qui accentue certains traits ridicules ou déplaisants.

Champ lexical : ensemble des termes (verbes, noms, adjectifs…) qui se rapportent à un même thème ou un même domaine.

Cliché : idée devenue banale, expression toute faite.

Comparaison : figure de style qui consiste à rapprocher un élément (le comparé) d'un autre élément (le comparant) par un point commun, à l'aide d'un mot-outil de comparaison *(comme, tel…)*.

Ex. : <u>des cheveux</u> <u>blonds</u> <u>comme</u> <u>les blés</u>.

des cheveux	*blonds*	*comme*	*les blés*
comparé	point commun	mot-outil	comparant

Comparant, comparé : *voir* Comparaison.

Connecteur (logique, temporel) **:** mot (adverbe, conjonction de coordination ou de subordination) qui établit une relation logique ou temporelle entre les différentes parties d'un texte.

Connotation : ensemble des sensations, des idées, des images qu'un mot évoque dans l'esprit de l'auteur ou du lecteur. *Ex. : le mot* blanc *peut connoter l'idée de pureté, l'image de la neige et la sensation de froid.*

D

Description : forme de discours* qui vise à dépeindre un être, un lieu, un objet, à rendre compte de ses caractéristiques.

Destinataire : personne à qui l'énonciateur* s'adresse, à qui est destiné le message.

Destinateur : dans un récit*, personnage qui donne une mission au héros*.

Didascalie : au théâtre, indication, directive donnée par l'auteur, et qui ne fait pas partie du dialogue. Une didascalie peut renseigner sur le ton, la voix, les gestes, les jeux de scène, le décor…

Dysfonctionnement (du dialogue) : mauvais fonctionnement du dialogue (*dys-* = « difficulté, manque »).
Ex. : le dialogue de sourds, le quiproquo sont des dysfonctionnements du dialogue.*

E

Enjambement : on parle d'enjambement dans un poème en vers, quand la phrase ne s'arrête pas à la fin du vers, mais se prolonge sur le vers suivant.

Énonciateur : personne qui s'exprime, qui émet un message pour communiquer avec quelqu'un (le destinataire*).

Énonciation : situation dans laquelle est produit un énoncé. Les marques de l'énonciation sont d'ordre temporel *(maintenant…)*, spatial *(ici…)* ou personnel *(je, tu…)*.

Épopée : genre littéraire qui raconte les exploits de héros surhumains, comportant souvent du merveilleux*, de l'exagération et une portée symbolique.

Exemple : fait concret qui vient appuyer et illustrer un argument*.

Explication : forme de discours* qui vise à analyser un fait, une situation. L'énonciateur* présente, de façon objective*, les informations nécessaires à la compréhension du phénomène.

F

Fantastique : surnaturel qui surgit dans la réalité, qui devient extraordinaire et parfois même terrifiante.

Fonction d'un personnage : rôle d'un personnage dans un récit* (*voir* Héros, Adjuvant, Destinateur, Objet).

Forme de discours : selon l'intention de celui qui parle ou qui écrit, le discours peut présenter une dominante. Les principales formes de discours sont la narration*, la description*, l'explication* et l'argumentation*. Ces différentes formes de discours peuvent se combiner dans un même texte.

H

Héros : personnage principal qui est le sujet d'un récit*.

Homophone : mot qui a la même prononciation qu'un autre, mais dont le sens et parfois l'orthographe sont différents.
Ex. : champ *est un homophone de* chant.

Hyperbole : figure de style qui met en relief une idée par une exagération.

I

Image : figure de style qui évoque la réalité (*voir* Comparaison, Métaphore, Symbole).

Implicite : qui est exprimé indirectement, sous-entendu (contraire : *explicite*).

Interlocuteur : dans un dialogue, personnage qui parle, qui communique avec un autre.

M

Mélioratif : élogieux, qui donne une idée ou une image très positive de quelqu'un ou de quelque chose (contraire : *péjoratif**).

Merveilleux : ce qui est extraordinaire, surnaturel et qu'on ne cherche pas à expliquer.

Métaphore : figure de style qui rapproche un élément (le comparé*) d'un autre élément (le comparant*) pour souligner leur ressemblance, mais sans mot-outil de comparaison.
Ex. : l'or de sa chevelure.
comparant (*l'or*) — comparé (*sa chevelure*)

N

Narrateur : celui qui présente faits et personnages, qui raconte l'histoire. (Le narrateur est à distinguer de l'auteur, la personne réelle qui a écrit le texte.)
Narrateur-personnage : personnage qui raconte une histoire et qui en fait partie. Le narrateur-personnage utilise souvent la 1re personne *(je)*.
Narration : forme de discours* qui vise à raconter des événements, réels ou fictifs.
Norme : modèle, règle, convention.

O

Objectif : qui ne prend pas parti, qui ne porte aucune marque d'émotion (contraire : *subjectif**).
Objet : dans un récit*, personnage ou chose que le héros* cherche à obtenir.
Opposant : dans un récit*, personnage qui fait obstacle au héros*.

P

Paradoxe : opinion étonnante, contraire à celle qui est communément admise.
Parodie : imitation caricaturale d'un personnage ou d'un genre littéraire, souvent dans une intention comique.
Pastiche : imitation d'une œuvre littéraire.
Péjoratif : dévalorisant, qui donne une idée ou une image négative de quelqu'un ou de quelque chose (contraire : *mélioratif**).
Personnification : figure de style consistant à représenter une chose ou un animal sous les traits d'une personne.
Ex. : « L'aurore grelottante en robe rose et verte / S'avançait lentement sur la Seine déserte » (Baudelaire).
Point de vue : dans une narration*, position qu'adopte le narrateur* par rapport aux événements racontés ou aux situations décrites. On distingue les points de vue externe, interne et omniscient.
Dans une image (tableau, photo...), endroit d'où regarde l'œil du peintre, du photographe.
Polysémique : qui possède plusieurs sens différents.

Q

Quiproquo : malentendu dans un dialogue, méprise entre des interlocuteurs* qui croient communiquer, mais qui, en fait, ne parlent pas du même sujet.

R

Réaliste : qui dépeint la réalité de façon crue, directe.
Récit : texte qui raconte une histoire, réelle ou fictive. Un récit peut comprendre des passages narratifs, descriptifs, ainsi que des dialogues.

S

Schéma narratif : succession de situations et d'événements, constituant les différentes étapes d'une histoire.
Dans le schéma narratif traditionnel, on distingue :
- la situation initiale,
- la complication (l'élément déclencheur),
- les péripéties,
- la situation finale,

ainsi que les éventuels retours en arrière.
Style direct, indirect et indirect libre : les différentes manières de rapporter des paroles :

– telles qu'elles ont été énoncées (style direct) ;
– avec un verbe introducteur, sous forme de propositions subordonnées (style indirect) ;
– sans verbe introducteur, mais avec des changements de temps, de lieu et de personne (style indirect libre).

Subjectif : qui prend parti, qui porte les traces d'une émotion ou d'une vision personnelle (contraire : *objectif**).

Surréaliste : étrange, bizarre, qui échappe aux règles de la réalité et de la raison, qui obéit aux lois de l'inconscient. Les Surréalistes étaient des artistes du XXe siècle se réclamant de tels principes.

Synonyme : mot qui a le même sens ou un sens très proche.
Ex. : doux *a pour synonymes* suave, agréable, soyeux, tendre…

T

Thèse : dans une argumentation*, idée directrice que l'auteur s'efforce de justifier à l'aide d'arguments*.

Tonalité : ton du discours (comique, dramatique, épique, lyrique…).

Typographie : manière dont un texte est imprimé (caractères gras, italiques, soulignés…).

V

Vers libres : vers qui ne respectent pas certaines caractéristiques des vers traditionnels (absence de rimes, nombre variable de syllabes dans un vers…).
Ex. : Les poèmes de Prévert sont souvent en vers libres.

Index des auteurs

Cet index renvoie aux auteurs des textes ou des images faisant l'objet d'analyses et d'exercices. Les chiffres en gras signalent les documents étudiés dans la rubrique « Lire et Observer ».

TABLE D'ILLUSTRATION

96 ph © Top
97 ph © 1997 The Museum of Modern Art, New York
99-b ph © Magnum
99-h ph © The Image Bank
100 ph © Victoria and Albert Museum, Londres
101-b ph © Altitude
101-h ph © Jean-Pierre Leloir
102 ph © Succession Henri Matisse
103-b ph © Miguelanxo Prado / Distribué par Norma Editorial SA © 1997
103-h ph © Lauros-Giraudon
104-g © Hewlett Packard 1996 / DR
104-d ph © Amnesty International
105-b © Éditions Gallimard © 1997
105-h ph © Réa
111 ph © Rapho
126 ph © Hergé © Moulinsart 1997
132 ph © Archipress

Mise en pages : Nadine Grimaud
Schéma d'illustration (p. 96) : Gilles Poing
Iconographie : Hatier illustration / Laure Bacchetta
Photogravure : Vercingétorix

Imprimé en France par Mame Imprimeurs à Tours
Août 1997 (n° 40351). Dépôt légal : n° 16105.